# Inglês
## para professor

# Inglês para professor

**Vocabulário, gramática e pronúncia
para professores (brasileiros) de inglês**

## Higor Cavalcante

6ª REIMPRESSÃO

© 2015 Higor Cavalcante
Preparação de texto: Betina Leme
Capa e Projeto gráfico: Alberto Mateus
Diagramação: Crayon Editorial
Assistente editorial: Aline Naomi Sassaki
Impressão e acabamento: Paym Gráfica e Editora Ltda., em março de 2024.

Dados Internacionais de Catalogação na Publicação (CIP)
(Câmara Brasileira do Livro, SP, Brasil)

Cavalcante, Higor
  Inglês para professor : vocabulário, gramática e pronúncia para professores (brasileiros) de inglês / Higor Cavalcante. -- Barueri, SP : DISAL, 2015.

  Bibliografia.
  ISBN 978-85-7844-186-9

  1. Inglês - Estudo e ensino 2. Inglês - Gramática 3. Inglês - Vocabulários, glossários etc 4. Professores - Formação I. Título.

15-09730                                                    CDD-420.7

Índices para catálogo sistemático:
1. Inglês : Estudo e ensino 420.7

Todos os direitos reservados em nome de:
Bantim, Canato e Guazzelli Editora Ltda.

Alameda Mamoré 911 – cj. 107
Alphaville – BARUERI – SP
CEP: 06454-040
Tel. / Fax: (11) 4195-2811
Visite nosso site: www.disaleditora.com.br
Televendas: (11) 3226-3111

Fax gratuito: 0800 7707 105/106
E-mail para pedidos: comercialdisal@disal.com.br

Nenhuma parte desta publicação pode ser reproduzida, arquivada ou transmitida de nenhuma forma ou meio sem permissão expressa e por escrito da Editora.

Para Graça, Cintya, Helton e João:
os quatro pilares sem os quais não haveria nada.
Muito especialmente para Nicole, nosso
anjinho que hoje cresce na barriga da mamãe,
e que já é a bebê mais amada do mundo.

# Agradecimentos

Há muita gratidão pra pouco espaço. Poderia facilmente escrever um livro inteiro só com agradecimentos.

Começo agradecendo a todos os alunos e professores-alunos que passaram pela minha vida nos últimos 17 anos. Apesar da correria, da loucura, do tempo que passa, não teria aprendido nada do que escrevi aqui se não tivesse conhecido e trabalhado com cada um de vocês. Muito, muito obrigado – pela paciência inclusive.

Em seguida, agradeço imensamente às escolas Wizard, CNA, St Giles, Seven e International House, que, nessa ordem, foram minhas casas longe de casa nos 13 anos em que trabalhei exclusivamente em escolas de inglês. Não vou nem tentar citar por nome todas as inúmeras pessoas que mudaram minha vida nesses lugares tão queridos porque certamente faltaria alguém, e a injustiça seria imperdoável. Mas saibam todos que cresci imensamente, não só como profissional mas como pessoa, graças a essas instituições e a todas as pessoas com quem nelas convivi durante mais de uma década. Agradecimento especial também à Caltabiano Idiomas, que me acolheu neste momento *freelancer* da minha carreira e onde tenho o imenso prazer de trabalhar com desenvolvimento linguístico para professores.

Um parágrafo especial de agradecimento é devido ao CNA, por ter sido a escola onde comecei meus estudos de inglês, e onde comecei a trabalhar com treinamento de professores. Foi lá, por exemplo, que tive o privilégio de ter aulas, ainda menino, com minha queridíssima professora e amiga Aurea Shinto, a quem devo a centelha inicial desta paixão eterna que desenvolvi pelo inglês e pelo ensino do inglês. Agradeço ainda a todos os franqueados, professores e coordenadores de todas as mais de 150 unidades que visitei pelo Brasil, já como consultor e capacitador de professores, e que me fizeram sempre sentir tão acolhido e tão em casa.

Não poderia deixar de agradecer também à Disal, e por muitas razões. As palestras gratuitas lá oferecidas me ajudaram muito no início da minha carreira, e desde 2006 venho tendo o prazer de poder retribuir também dando palestras na matriz da editora em São Paulo (e já foram mais de 50!). Além disso, o primeiro artigo da minha carreira, sobre uso de vídeo na sala de aula, foi publicado em 2008 pela revista da Disal, a *New Routes*, e foi também na Disal que escrevi para um blog pela primeira vez, o *Blog da Disal*. Agora, em 2015, depois de quase dez anos de parceria, tenho a satisfação de finalmente publicar meu primeiro livro também pela Disal Editora, esperando que seja o primeiro de muitos. Agradeço muito à Disal por tudo isso; e agradeço nominalmente a Daniela Mafra, que lá no comecinho sempre me incentivou a escrever para o blog e que me cobrava um livro (aqui está, Dani!), e a Gleice Mori, querida amiga que foi tão importante agora para que este livro finalmente saísse.

Também não posso deixar de agradecer, e mesmo de dedicar este livro, a Scott Thornbury, um dos autores mais importantes da área de ensino de inglês no mundo – talvez o mais importante. Seus livros, artigos e blogs, várias vezes citados neste trabalho, não só foram (e são) importantíssimos para o meu desenvolvimento profissional como foi muito por causa de uma troca de e-mails com ele há dois anos, em 2013, que a ideia deste livro surgiu. Ele disse à época: *"Maybe you should put together a proposal for a book on the subject!"* Well, here it is, Scott. Thanks!

De maneira muito especial, agradeço a meu amigo e mentor Luiz Otávio Barros, também por várias razões: por ter sempre sido a voz da razão quando eu escrevia *rants* infinitos em blogs e mídias sociais por aí; pelo *feedback* importantíssimo que me deu bem no começo do projeto deste livro, e que me motivou a seguir em frente com ele; e, do fundo do coração, pelo lindo prefácio que leremos em seguida. Um grande beijo e muito obrigado, Luiz.

A meus queridos amigos, que doaram seu precioso tempo para ler diferentes partes deste livro enquanto ele era escrito, eu simplesmente não teria conseguido sem vocês. Ilá Coimbra, Henrick Oprea, Bruna Caltabiano, Débora Possani, Anay Siqueira, Eduardo Freitas, Aislan Ferreira, Glauce Fernandes, Letícia Carajoinas, Danilo Pereira, Fábio Fernandes, Cintia Rodrigues, Julia Monteiro, Karin Heuert e Layne Feijó, além do meu querido irmão Helton Cavalcante, serei pra sempre grato pela paciência e dedicação de todos vocês! Devo a vocês boa parte dos acertos e bons momentos do livro, e apenas à minha cabeça-dura tudo aquilo que não estiver perfeito.

Finalmente, agradeço ao amor da minha vida, minha esposa Cintya, pela paciência durante todas as muitas horas que passei trancado no escritório em casa lendo, escrevendo, apagando, recomeçando, gritando, e também pelos chás, cafés, bolos e muitas risadas durante o processo. (E ainda bem que existem *Revenge* e *Grey's Anatomy*!)

Obrigado também a todos vocês que agora leem estas linhas. Espero que este livro os ajude em sua caminhada diária rumo ao seu desenvolvimento profissional.

Mais uma vez, muito obrigado.

HIGOR
São Paulo, 24 de maio de 2015.

# Sumário

Prefácio, por Luiz Otávio Barros .................................. 17
Introdução – Podemos falar sobre o nosso inglês? .................. 19
   Para quem é este livro?........................................ 20
   Como usar este livro?.......................................... 21
Considerações iniciais........................................... 23

## Capítulo 1: Vocabulário ..................... 25
   Definindo (e entendendo) vocabulário........................... 26
     O que precisamos saber sobre uma palavra?................. 27
       *Meaning/definition* (significado/definição) ............. 28
       *Parts of speech* (classes de palavras)...................29
- *Nouns* (substantivos).....................................29
- *Verbs* (verbos) ..........................................29
- *Adjectives* (adjetivos) .................................29
- *Adverbs* (advérbios).....................................29
- *Determiners* (determinantes) ............................30
- *Prepositions* (preposições)..............................30
- *Pronouns* (pronomes).....................................30
- *Conjunctions* (conjunções) ..............................31
- *Exclamations* (exclamações)..............................31

       *Register* (registro) ...................................31
       *Pronunciation* (pronúncia)..............................32
       *British, American or otherwise*......................... 32
       *Use* (uso).............................................. 34
   O que aprendemos com dicionários?.............................. 35
   Vocabulário: aspectos importantes............................... 38
     Formação de palavras ........................................ 38

  *Affixation* (afixação) . . . . . . . . . . . . . . . . . . . . . . . . . . . . . . . . . . . 38
  *Compounding* (formando palavras compostas) . . . . . . . . . . . . . . . . . . . 41
  *Blending* (misturando palavras) . . . . . . . . . . . . . . . . . . . . . . . . . . . . . 41
  *Clipping* e *conversion* (reduzindo e convertendo) . . . . . . . . . . . . . . . . 41
  *Abbreviations* e *acronyms* (abreviações e acrônimos) . . . . . . . . . . . . . . 42
 *Types of meaning* (tipos de significado) . . . . . . . . . . . . . . . . . . . . . . . 43
  *Polysemes* (polissemia) . . . . . . . . . . . . . . . . . . . . . . . . . . . . . . . . . . . 43
  *Synonyms* e *antonyms* (sinônimos e antônimos) . . . . . . . . . . . . . . . . . 44
  *Homonyms* (homônimos) . . . . . . . . . . . . . . . . . . . . . . . . . . . . . . . . 45
  *Hyponyms* e *hypernyms* (hipônimos e hiperônimos) . . . . . . . . . . . . . . 45
  *Lexical fields* (campos lexicais) . . . . . . . . . . . . . . . . . . . . . . . . . . . . . 46
 *Phrasal verbs* (verbos frasais) . . . . . . . . . . . . . . . . . . . . . . . . . . . . . . . 47
  O que são *phrasal verbs*? . . . . . . . . . . . . . . . . . . . . . . . . . . . . . . . . . 47
  O que precisamos saber sobre *phrasal verbs*? . . . . . . . . . . . . . . . . . . 48
  *Register* de *phrasal verbs* . . . . . . . . . . . . . . . . . . . . . . . . . . . . . . . . 50
  Preciso de *phrasal verbs*? . . . . . . . . . . . . . . . . . . . . . . . . . . . . . . . . . 50
 *Idioms* (expressões idiomáticas) . . . . . . . . . . . . . . . . . . . . . . . . . . . . . 52
  O que são *idioms*? . . . . . . . . . . . . . . . . . . . . . . . . . . . . . . . . . . . . . 52
  Tipos de *idioms* . . . . . . . . . . . . . . . . . . . . . . . . . . . . . . . . . . . . . . . 52
  Preciso de *idioms*? . . . . . . . . . . . . . . . . . . . . . . . . . . . . . . . . . . . . . 55
 *Collocations* (colocações) . . . . . . . . . . . . . . . . . . . . . . . . . . . . . . . . . . 56
  O que são *collocations*? . . . . . . . . . . . . . . . . . . . . . . . . . . . . . . . . . . 56
  Tipos de *collocations* . . . . . . . . . . . . . . . . . . . . . . . . . . . . . . . . . . . 56
  A importância das *collocations* . . . . . . . . . . . . . . . . . . . . . . . . . . . . 58
  Checando *collocations*: usando *corpus linguistics* . . . . . . . . . . . . . . . . 59
 Dificuldades comuns do professor brasileiro de inglês – vocabulário . . . 61
 Considerações finais e dicas de estudo . . . . . . . . . . . . . . . . . . . . . . . . 67

# Capítulo 2: Gramática . . . . . . . . . . . . . . . . . . . . . . . . . . . . . 73
 O que é gramática? . . . . . . . . . . . . . . . . . . . . . . . . . . . . . . . . . . . . . . 75
  Tipos de regra . . . . . . . . . . . . . . . . . . . . . . . . . . . . . . . . . . . . . . . . 76
  "Três gramáticas" . . . . . . . . . . . . . . . . . . . . . . . . . . . . . . . . . . . . . . 77
  Considerações sobre as três gramáticas . . . . . . . . . . . . . . . . . . . . . . 79

Gramática: aspectos importantes ........................... 81
   *The 12 verb tenses* (os 12 tempos verbais) .................... 81
      *The four past tenses* ........................................ 82
- *Past simple* ............................................. 82
- *Past continuous* ........................................ 83
- *Past perfect* ........................................... 84
- *Past perfect continuous* ................................ 85

      *The four present tenses* .................................... 86
- *Present simple* ......................................... 86
- *Present continuous* ..................................... 87
- *Present perfect* ........................................ 88
- *Present perfect continuous* ............................. 94

      *Futurity* .................................................. 95
- *Future simple* .......................................... 96
- Além de *will* e *be going to* ........................... 97
- *Future continuous* ...................................... 99
- *Future perfect* ......................................... 100
- *Future perfect continuous* .............................. 101
- *Perfect continuous aspect* .............................. 101

Outras formas ............................................. 102
   *Used to* e *would* para hábitos no passado ................. 102
   *Future in the past* (futuro do pretérito) .................. 103

Modality .................................................. 104
   O que significam os *modal verbs?* .......................... 105
- *Must* ................................................... 105
- *Should* ................................................. 105
- *Will* ................................................... 105
- *Would* .................................................. 106
- *Shall* .................................................. 106
- *May* e *might* .......................................... 107
- *Can* .................................................... 107
- *Could* .................................................. 108

   *Past Modals* ............................................... 109

  *Semi-modal verbs* . . . . . . . . . . . . . . . . . . . . . . . . . . . . . . . . . . . . . . . . 110
    • *Used to* . . . . . . . . . . . . . . . . . . . . . . . . . . . . . . . . . . . . . . . . . . . . 110
    • *Ought to* . . . . . . . . . . . . . . . . . . . . . . . . . . . . . . . . . . . . . . . . . . . 110
    • *Be able to* . . . . . . . . . . . . . . . . . . . . . . . . . . . . . . . . . . . . . . . . . . 111
    • *Dare* . . . . . . . . . . . . . . . . . . . . . . . . . . . . . . . . . . . . . . . . . . . . . . . 111
    • *Need* . . . . . . . . . . . . . . . . . . . . . . . . . . . . . . . . . . . . . . . . . . . . . . 112
    • *Had better* . . . . . . . . . . . . . . . . . . . . . . . . . . . . . . . . . . . . . . . . . . 112
 *Conditionals* (condicionais) . . . . . . . . . . . . . . . . . . . . . . . . . . . . . . . . 113
  *Zero conditional* . . . . . . . . . . . . . . . . . . . . . . . . . . . . . . . . . . . . . . . . 115
  *First conditional* . . . . . . . . . . . . . . . . . . . . . . . . . . . . . . . . . . . . . . . . 115
  *Second conditional* . . . . . . . . . . . . . . . . . . . . . . . . . . . . . . . . . . . . . . 116
  *Third conditional* . . . . . . . . . . . . . . . . . . . . . . . . . . . . . . . . . . . . . . . 118
  *Mixed conditional* . . . . . . . . . . . . . . . . . . . . . . . . . . . . . . . . . . . . . . . 118
  Além dos números: outras *conditionals* . . . . . . . . . . . . . . . . . . . . . . 119
 *Passive Voice* (voz passiva) . . . . . . . . . . . . . . . . . . . . . . . . . . . . . . . . . 120
  Usos comuns . . . . . . . . . . . . . . . . . . . . . . . . . . . . . . . . . . . . . . . . . . . 121
  Usos mais avançados . . . . . . . . . . . . . . . . . . . . . . . . . . . . . . . . . . . . . 122
  *Get/have something done* . . . . . . . . . . . . . . . . . . . . . . . . . . . . . . . . . 123
  *Need to be done/need doing* . . . . . . . . . . . . . . . . . . . . . . . . . . . . . . . 123
 Dificuldades comuns do professor brasileiro de inglês – gramática . . . 124
 Considerações finais e dicas de estudo . . . . . . . . . . . . . . . . . . . . . . . . 130

# Capítulo 3: Pronúncia . . . . . . . . . . . . . . . . . . . . . . . . . . . 133
 Por que estudar pronúncia? . . . . . . . . . . . . . . . . . . . . . . . . . . . . . . . . 134
 Do que falamos quando falamos da pronúncia do inglês? . . . . . . . . 135
 Os fonemas . . . . . . . . . . . . . . . . . . . . . . . . . . . . . . . . . . . . . . . . . . . . . 136
  Inglês britânico . . . . . . . . . . . . . . . . . . . . . . . . . . . . . . . . . . . . . . . . . 136
   *Monophthongs* . . . . . . . . . . . . . . . . . . . . . . . . . . . . . . . . . . . . . . . . 137
   *Diphthongs* . . . . . . . . . . . . . . . . . . . . . . . . . . . . . . . . . . . . . . . . . . 138
   *Consonants* . . . . . . . . . . . . . . . . . . . . . . . . . . . . . . . . . . . . . . . . . . 139
  A posição dos sons na tabela . . . . . . . . . . . . . . . . . . . . . . . . . . . . . . 140
   *Monophthongs* . . . . . . . . . . . . . . . . . . . . . . . . . . . . . . . . . . . . . . . . 140
   *Diphthongs* . . . . . . . . . . . . . . . . . . . . . . . . . . . . . . . . . . . . . . . . . . 141

   *Consonants*. . . . . . . . . . . . . . . . . . . . . . . . . . . . . . . . . . . . . . . . . . . 141
  Inglês americano . . . . . . . . . . . . . . . . . . . . . . . . . . . . . . . . . . . 144
   *Monophthongs*. . . . . . . . . . . . . . . . . . . . . . . . . . . . . . . . . . . . . . . 144
   *Diphthongs*. . . . . . . . . . . . . . . . . . . . . . . . . . . . . . . . . . . . . . . . . 145
   *Consonants*. . . . . . . . . . . . . . . . . . . . . . . . . . . . . . . . . . . . . . . . . 145
  Símbolos fonéticos diferentes. . . . . . . . . . . . . . . . . . . . . . . . . . 146
   Sons que não constam na tabela de fonemas . . . . . . . . . . . . . . . . 147
 Sílabas tônicas (*stress*) . . . . . . . . . . . . . . . . . . . . . . . . . . . . . . . . . . 148
  Sílabas tônicas em palavras (*word stress*) . . . . . . . . . . . . . . . . . . 148
   "Regras" de sílaba tônica em palavras em inglês . . . . . . . . . . . . . . . 149
   *Stress* primário e secundário em palavras. . . . . . . . . . . . . . . . . . . . 149
   *Unstress*. . . . . . . . . . . . . . . . . . . . . . . . . . . . . . . . . . . . . . . . . . . . 150
  Sílabas tônicas em frases (*sentence stress*). . . . . . . . . . . . . . . . . . . 151
   Sílaba tônica primária *(primary stress)*. . . . . . . . . . . . . . . . . . . . . 151
   Sílaba tônica secundária *(secondary stress)* e *unstress* em frases. . . . . . . . 152
   *Secondary stress*. . . . . . . . . . . . . . . . . . . . . . . . . . . . . . . . . . . . . 153
   *Unstress*. . . . . . . . . . . . . . . . . . . . . . . . . . . . . . . . . . . . . . . . . . . . 154
 Sons que se ligam (*connected speech*) . . . . . . . . . . . . . . . . . . . . . 156
  Sons que desaparecem (*elision*) . . . . . . . . . . . . . . . . . . . . . . . . . 157
  Sons que aparecem (*intrusion*) . . . . . . . . . . . . . . . . . . . . . . . . . 158
  Sons que mudam – assimilação (*assimilation*) . . . . . . . . . . . . . . 160
 Entonação (*intonation*) . . . . . . . . . . . . . . . . . . . . . . . . . . . . . . . . . 162
 Dificuldades comuns do professor brasileiro de inglês – pronúncia . . . 164
 Considerações finais e dicas de estudo – pronúncia . . . . . . . . . . . . 171

Exercícios (*activities*). . . . . . . . . . . . . . . . . . . . . . . . . . . . . . . . . . . . . .173
Respostas aos exercícios (*answer keys*). . . . . . . . . . . . . . . . . . . . . . . 195
Bibliografia comentada (sugestões de leitura) . . . . . . . . . . . . . . . . . 201
Bibliografia . . . . . . . . . . . . . . . . . . . . . . . . . . . . . . . . . . . . . . . . . . . . 205
O autor . . . . . . . . . . . . . . . . . . . . . . . . . . . . . . . . . . . . . . . . . . . . . . . 207

# Prefácio
por Luiz Otávio Barros

Ah, o óbvio.

Como é difícil enxergar além dele. E quanto mais ululante, mais árdua parece ser a tarefa.

Ao escrever *Inglês para Professor*, Higor suscita a pergunta inevitável:

"Ué? Mas não seria como lançar *Medicina para Cardiologistas*? *Engenharia para Engenheiros*?"

Sim e não.

Nossa profissão possui algumas idiossincrasias. Cito duas.

A primeira é o abismo entre *saber que* e *saber como*, tão relevante no ensino de idiomas. Podemos conhecer uma regra – a ponto de explicá-la – sem, entretanto, saber utilizá-la na prática. Há profissionais, por outro lado, com bom domínio operacional do idioma, mas conhecimento relativamente limitado de suas principais regras e exceções. Em ambos os casos, nosso grau de proficiência tem impacto direto e indireto no aprendizado formal e informal dos alunos. Uma obviedade, eu sei, mas que merece reflexão.

Em nossa profissão, a ortodoxia segundo a qual a formação teórica do professor deve anteceder a prática em sala faz sentido, é claro, mas tem limitações. Os profissionais mais bem-sucedidos que conheci ao longo destes 25 anos de profissão são aqueles que continuaram a priorizar seu desenvolvimento linguístico *após* a formação inicial, já atuando em sala de aula. Ou seja, em ELT (*English Language Teaching*), o leque de modelos para capacitação contínua parece ser muito mais flexível: teoria → prática → teoria / prática → teoria → prática e assim por diante. *Inglês para Professor* pode ser uma peça útil nesse quebra-cabeça, ajudando, por um lado, o professor que sabe, por exemplo, as regras do "final ED", mas não pronuncia os verbos corretamente; e, por outro, o professor que produz os sons corretamente, mas desconhece os porquês.

A segunda questão é o conteúdo tipicamente abordado na maioria dos cursos de inglês País afora. Ao ingressar em um nível avançado, o professor será exposto a uma gama de estruturas e palavras mais complexas e precisas – essenciais para sua proficiência, é óbvio. Mas é improvável que cursos genéricos (i.e., não escritos especificamente para professores) enfatizem, por exemplo, a pronúncia correta de *adjective*. Ou o uso de *up* e não *over* na expressão *Time's up!*. Ou, ainda, o fato de que *homework* é incontável, e portanto não pode ser *homeworks*. Em outras palavras, o tal "inglês de sala de aula", tão importante para nosso desenvolvimento profissional, parece, há anos, permanecer em um limbo eterno (pleonasmo?), intocável. Essa é outra razão pela qual *Inglês para Professor* é uma iniciativa tão relevante.

Ao escrever um livro levando em conta os dois pontos acima, Higor, corajosamente, escolhe o caminho mais tortuoso: o de problematizar o óbvio e, em seguida, sugerir alternativas possíveis. Que *Inglês para Professor* seja o início de uma importante discussão, *long overdue* em nossa profissão.

Luiz Otávio Barros<br>
*author and teacher educator*

## Introdução
Podemos falar sobre o nosso inglês?

Como disse Luiz Otávio no prefácio, é o óbvio ululante, mas precisamos falar sobre nosso inglês. E precisamos fazê-lo agora.

Estudamos inglês no Brasil, em nosso ensino "regular", por no mínimo oito anos. Ainda assim, um turista por aqui não tem vida fácil ao procurar quem possa ajudá-lo a encontrar a padaria mais próxima (embora tenhamos sempre muita vontade de ajudar), e é praticamente impossível que encontre alguém com quem possa bater um papo mais prolongado. Vivemos em uma nação absolutamente monolíngue. Não falamos inglês.

Um problema ainda mais sério, no entanto, e que talvez seja a causa do anterior – e também consequência dele, num perpétuo círculo vicioso – é que grande parte dos nossos professores de inglês também não falam o idioma, ou o falam com grande dificuldade. É um fato percebido facilmente por profissionais da área e por seus alunos, mas sobre o qual, curiosamente, fala-se muito, muito pouco.

O que se espera de um professor de geografia? De história? De matemática? Espera-se, é claro, muitas coisas: que sejam pacientes, preparados, respeitosos, inspiradores, confiáveis, criativos... mas, sem a menor dúvida, espera-se também que conheçam suas ciências a fundo. E que as estudem! Espera-se que jamais pensem ter atingido um nível no qual seus conhecimentos estejam completos, porque isso é simplesmente impossível. O conhecimento de um professor jamais está completo, e ele deve, muito mais que qualquer aluno, estudar sua área sempre. E para sempre. Seria, portanto, injusto esperar o mesmo de um professor de inglês? Que ele esteja sempre lapidando seus conhecimentos do idioma? Que saiba (e queira saber) cada vez mais?

Além da questão evidente – a de que o professor de inglês precisa falar bem o idioma, ler e escrever com desenvoltura nele, e entendê-lo sem grandes dificuldades –, há também a questão de que o caminho para seu desenvolvimento – e consequentemente para o sucesso – profissional passa impreterivelmente por seu desenvolvimento linguístico. Quanto mais sabe sobre o idioma, melhor o usa; e quanto melhor o usa e o ensina, mais portas e oportunidades se abrem para ele. E ao saber sempre mais, ao aprender sempre mais, o professor de inglês estará cada dia mais apto a ser o agente de transformação social e cultural que pode ser ao difundir entre seus alunos aquela que é, hoje, uma língua verdadeiramente universal.

Eu acredito que todo professor de inglês pode, e deve, atingir excelente fluência no idioma, até mesmo proficiência; e acredito que ele deve, portanto, persegui-las sempre, todos os dias. Este livro é minha primeira – e pequena – contribuição para isso, ao menos em forma de livro. Outras virão.

**Para quem é este livro?**
Este livro foi escrito fundamentalmente para professores de inglês, especialmente brasileiros, que atuem em quaisquer dos contextos em que o inglês é ensinado no Brasil: ensino fundamental, médio, universidades, escolas de idiomas, ou em aulas particulares. A razão de ter sido escrito em português é evidência do fato que pretende ajudar a mudar: muitos professores de inglês no Brasil provavelmente não se beneficiariam muito de um trabalho escrito completamente em inglês, ou por não compreendê-lo ou por imaginar que não o compreenderiam.

Por abordar três áreas gigantescas – vocabulário, gramática e pronúncia –, o livro não tem a intenção de esgotar nenhum dos assuntos. Seu objetivo principal é servir como um mapa da língua, um guia para os estudos do idioma de maneira consistente e contínua. O professor encontrará muita informação vital sobre o idioma que ensina nas próximas páginas, mas principalmente encontrará sugestões de como não se limitar ao que aqui verá, e de como seguir estudando usando diversas fontes, de diferentes formas. Em resumo, o objetivo maior desta pequena obra é conscientizar o professor de inglês, independentemente de seu contexto ou experiência, da imensa importância de estudar a língua inglesa, e de fazê-lo sempre.

Embora não tenha sido escrito para este fim, professores interessados nos módulos 1, 2, 3 e KAL (Knowledge About Language) do TKT (Cambridge Teaching Knowledge Test) encontrarão aqui boa parte do conteúdo que precisam estudar.

Finalmente, alunos que queiram usar o livro como guia de estudos e fonte de informações sobre a língua em português também irão, sem a menor dúvida, beneficiar-se dele.

**Como usar este livro?**
Este livro foi pensado e escrito como um guia de estudos individual para professores de inglês. Idealmente, sugiro que seja estudado na ordem em que foi escrito, começando por vocabulário, seguindo pela seção de gramática e terminando com a parte de pronúncia. A razão para isso é que o livro foi pensado como um curso, e as informações são cumulativas, de modo que algo que tenha sido discutido no capítulo 1, por exemplo, não será reexplicado no capítulo 2 ao ser mencionado. É perfeitamente possível, no entanto, guiar-se pelo sumário no início do livro e ir diretamente ao assunto que deseja estudar.

Quanto aos exercícios, é altamente recomendável que sejam feitos sempre que sugeridos, ao final de cada uma das seções dos capítulos. Você encontrará as respostas completas no final do livro. Quanto ao CD que acompanha a obra, ele contém todas as frases de exemplo do capítulo de pronúncia, e estas devem ser ouvidas durante a leitura de cada uma das seções do capítulo.

Embora, como foi dito, tenha sido pensado como guia de estudos individual, nada impede que este livro seja adotado em cursos de inglês para professores – por exemplo, em cursos de Letras.

## Considerações iniciais

Adotei em todo o livro um tom entre neutro e informal (às vezes bastante informal), como se estivéssemos mesmo juntos em uma sala de aula. Não acho nem mesmo que tenha sido uma escolha consciente, tratando-se de fato da única forma que conheço para falar sobre inglês.

Os diversos tópicos abordados nos três capítulos do livro são ilustrados com grande variedade de exemplos. Onde foi possível, utilizei exemplos verdadeiros de uso da língua, retirados de livros, séries e músicas. Por razões pedagógicas, no entanto, a maior parte das frases são exemplos criados por mim, e apenas raramente copiados de outras fontes – sempre devidamente citadas. Importante ainda dizer que quase todas as frases de exemplo e citações foram traduzidas por mim para o português, objetivando principalmente transmitir a ideia das frases, sem grande compromisso com a literalidade. Para os exemplos sem tradução, use um bom dicionário. Você encontrará dicas de dicionários e de como usá-los no capítulo 1, sobre vocabulário.

Por fim, assim que um conceito é definido e traduzido no livro, ele provavelmente só será usado em inglês daquele ponto em diante. A razão para isso é que, independentemente do nível de inglês do professor no momento, me parece fundamental que ele se acostume cada vez mais a ler em inglês, e a compreender o que lê.

Desejo a todos uma boa leitura e que se divirtam! É, afinal de contas, a segunda língua mais incrível do mundo, logo depois da nossa.

CAPÍTULO 1
# Vocabulário

O linguista David Wilkins disse, certa vez, que "sem gramática muito pouco pode ser transmitido, mas sem vocabulário nada pode ser transmitido". Os autores da série de livros didáticos *Innovations*, Hugh Dellar e Darryl Hocking, ecoaram a ideia de Wilkins ao dizer que "se você passar a maior parte do seu tempo estudando gramática, seu inglês não vai melhorar muito. Você verá muito mais melhora se aprender mais palavras e expressões. Você consegue dizer muito pouco com gramática, mas consegue dizer quase qualquer coisa com palavras". (citações retiradas do livro *How to Teach Vocabulary*, de Scott Thornbury).

Você pode concordar completamente com os autores citados ou apenas em parte. Pessoalmente, acredito que boa gramática também é fundamental para uma boa comunicação em qualquer língua, e que professores de qualquer idioma precisam dominar a gramática da língua em questão (mais sobre isso no capítulo 2). No entanto, me parece evidente que, dentre os sistemas de um idioma, vocabulário é o que levará o falante mais longe, e que portanto deve ser priorizado. O fato de este livro começar por vocabulário não é mera coincidência.

Neste capítulo, vamos definir e exemplificar vários conceitos importantes relacionados a vocabulário. Ao final dele, você encontrará uma lista com algumas das dificuldades mais comuns do professor brasileiro de inglês relacionadas a vocabulário, bem como dicas de estudo. Ao final do livro, você encontrará exercícios para fixar cada um dos conceitos estudados aqui; sugiro que você os faça ao término de cada uma das seções do capítulo.

## Definindo (e entendendo) vocabulário

De acordo com o dicionário *Macmillan* (www.macmillandictionary.com), uma definição possível de vocabulário é "*all the words in a language*" (todas as palavras em uma língua). O dicionário *Cambridge* (www.dictionary.cambridge.org), por sua vez, diz que vocabulário é "*all the words used by a particular person, or all the words that exist in a particular language or subject*" (todas as palavras usadas por uma pessoa em particular, ou todas as palavras que existem em uma língua ou assunto em particular).

Apesar do uso da palavra *all* nas duas definições citadas, não deve ser, evidentemente, objetivo do professor conhecer *todas as palavras de uma língua*, o que certamente não seria possível. Deve ser sim, no entanto, objetivo de todo professor de inglês fazer com que o conjunto de *todas as palavras usadas por uma pessoa em particular* (no caso, ele mesmo e, consequentemente, seus alunos) seja cada vez maior, mais abrangente e mais eficaz.

Além disso, ter um vocabulário rico não tem a ver só com conhecer muitas palavras. Talvez mais importante do que quantas palavras você conhece seja o quão frequentes no uso cotidiano as palavras que você conhece são. É, por exemplo, muito mais útil saber (e saber usar) os verbos *have*, *get* e *go*[1] do que *feign*, *reciprocate* e *impignorate*. É também fundamental que você saiba como as palavras que você conhece acontecem em contexto, em frases.

## O que precisamos saber sobre uma palavra?

Vamos pegar como exemplo uma palavra bem simples e comum: *mistake*, ou *erro* em português.

A palavra *erro* é um substantivo, e geralmente acontece em frases acompanhada do verbo *cometer*, como em *Higor cometeu um erro*. *Erro*, ainda, dá origem ao verbo *errar* (ou talvez seja o contrário), de modo que podemos dizer *Higor errou feio*. Temos também o adjetivo *errado(a)*, como em *Este exercício está errado* ou *Três de suas respostas estavam erradas*, com o adjetivo variando em gênero e em número (*uma resposta errada – três respostas erradas*). E assim por diante.

Mas será que é a mesma coisa em inglês com a palavra *mistake*? Antes de ler o próximo parágrafo, tente traduzir para o inglês todas as frases de exemplo do parágrafo anterior: *Higor cometeu um erro*; *Higor errou feio*; *Este exercício está errado*; *Três de suas respostas estavam erradas*.

Você deve ter percebido que, em inglês, *mistake* é comumente usada com *make*, e portanto *Higor made a mistake* seria uma possível tradução para a primeira frase. A coisa se complica para as três frases seguintes, no entanto. Embora o verbo *mistake* exista, ele não significa *errar*, e sim *confundir-se*, como

---

1  De acordo com o *Oxford English Corpus*, esses são os três verbos mais comuns em inglês.

em *She mistook me for my brother* ou *Ela me confundiu com meu irmão*. Mas se o verbo *mistake* não serve, como dizer então *Higor errou feio*?

Bem, não há uma única maneira, mas eu provavelmente diria *Higor made a serious mistake*, que, embora não seja uma tradução literal da frase em português, transmite praticamente a mesma mensagem. É como a palavra *saudade* em português, que não tem tradução direta para o inglês. Assim, talvez a melhor tradução para *Que saudades de você!* seja *I miss you so much!*, que é uma construção completamente diferente.

Para as próximas duas frases, embora haja um adjetivo formado a partir da palavra *mistake* – *mistaken* –, ele significa *enganado(a)*, como em *I believe you're mistaken* (*Acho que você está enganado*). Portanto, *mistaken* não é a palavra de que precisamos no contexto das frases, e sim *wrong*, que não deriva de *mistake*. Dessa forma, *Este exercício está errado* poderia ser *This exercise is wrong* em inglês, e *Três de suas respostas estavam erradas* seria *Three of your answers were wrong*.

E o que aprendemos com esse pequeno estudo da palavra *mistake*?

Com alguma sorte (que talvez seja uma péssima versão da expressão em inglês *with any luck*), aprendemos que saber a tradução de uma palavra não significa de forma alguma que você será capaz de usá-la. Para realmente poder usar uma palavra em sua fala ou escrita, há diversas características dela que precisamos conhecer bem. Vamos estudar algumas delas a seguir.

## *Meaning/definition* [significado/definição]

Ao encontrar uma nova palavra ou expressão, a primeira coisa que precisamos descobrir é o que ela significa, seu *meaning*. Num livro que li recentemente (*Funny Girl*, do escritor inglês Nick Hornby), encontrei a seguinte frase:

> » *It was a cold, wet July day at the South Shore Baths, and the contestants had* mottled, bumpy *arms and legs*. (*Era um dia frio e chuvoso de julho em South Shore Baths, e as candidatas tinham os braços e pernas* _____ *e* _____).

"Bem", pensei, "tem que ser algo que o frio causa nos braços e pernas de alguém". Pensei naquilo que minha esposa chama de "pele de galinha", quando a pele fica cheia de pequenas ondulações por causa do frio; e como sabia que *bump* significa algo como *calombo, caroço*, ou *lombada*, e que a adição do sufixo *–y* geralmente transforma um substantivo em adjetivo (*chilly, tasty* etc.), achei que estava no caminho certo. E estava mesmo.

O dicionário *Cambridge* oferece as seguintes definições para *mottled* e *bumpy*:

» *mottled: covered with areas of different colors that do not form a regular pattern (coberto(a) com áreas de diferentes cores que não formam um padrão regular).*
» *bumpy: rough or uneven (áspero e desigual).*
Bingo!

## *Parts of speech* [classes de palavras]

As *parts of speech* ou *word classes* descrevem a função que as palavras têm em frases. Estudaremos nove *parts of speech* a seguir.

***NOUNS* (SUBSTANTIVOS):** palavras que dão nome às coisas e pessoas. Em *John's car is blue*, *John* e *car* são *nouns*.

***VERBS* (VERBOS):** palavras que descrevem ações e estados. Em *She is very sad at the moment*, *I called you last night* e *She turned down his job offer* (Ela recusou sua proposta de emprego), *is*, *call* e *turned down*[2] são *verbs*.

***ADJECTIVES* (ADJETIVOS):** palavras que descrevem ou que dão "qualidade" a *nouns* e *pronouns*. Em *John's car is blue* e *She's very attractive*, *blue* e *attractive* são *adjectives*, e respectivamente descrevem *car* (*noun*) e *she* (*pronoun*).

***ADVERBS* (ADVÉRBIOS):** palavras ou frases que descrevem ou dão mais informações sobre *verbs*, *adjectives* e outros *adverbs*. Exemplos:

---

2   *Turn down* é um *phrasal verb*. Leia a seção sobre *phrasal verbs* na p. 47.

» *She drives very slowly.* – *slowly* é um advérbio de modo (adverb of manner) e descreve a ação de dirigir. *Very* é um advérbio de intensidade *(adverb of degree)* e adiciona força ao advérbio *slowly.*

» *I used to play soccer every day when I was a kid.* – *every day* e *when I was a kid* são locuções adverbiais *(adverbials)*, conjuntos de palavras que têm juntas a função de advérbio. Ambas são *adverbials of time.*

Há vários tipos de *adverbs* e *adverbials*: *time (yesterday, at 7 o'clock), manner (fast, willingly), place (at school, there), degree (extremely, very), frequency (twice a week, always)* etc.

**DETERMINERS (DETERMINANTES)**: palavras usadas antes de um *noun* para descrever exatamente de qual estamos falando. Em *The teacher asked us to do both activities for next Monday* temos três *determiners*. *The*, um *definite article* (artigo definido) que especifica sobre qual professor estamos falando; *both*, que determina a quais *activities* nos referimos; e *next*, que clarifica qual *Monday*.

**PREPOSITIONS (PREPOSIÇÕES)**: palavras que geralmente ocorrem antes de um *noun* ou *pronoun* e mostram sua relação com outras partes da frase. Em *I was born in 1980, on July 31*, *in* e *on* são preposições. Você encontrará mais sobre preposições ao final do capítulo, quando falarmos das dificuldades comuns do professor brasileiro de inglês.

**PRONOUNS (PRONOMES)**: palavras que substituem *nouns* que foram mencionados anteriormente em uma frase ou que ainda serão mencionados. Em *She was very important to me, she* é um *pronoun* que se refere a alguém que já foi citado anteriormente no texto; pode ser usado, também, quando é claro no contexto de quem se fala. Já em *My mother, who was born in 1951, is now on Facebook, who* é um *pronoun* que se refere a *my mother*. Respectivamente, *she* e *who* são *subject* e *relative pronouns*.

Há diversos tipos de *pronouns*, tais como *subject (I, you, she, they* etc.*), object (me, him, us, them* etc.*), possessive (mine, his, hers, theirs* etc.*), reflexive (myself, herself, themselves* etc.*)*, entre outros.

CONJUNCTIONS (CONJUNÇÕES): palavras utilizadas para unir frases. Em *She did crossword puzzles and read the news as he worked on finishing his tasks* (*Ela fazia palavras cruzadas e lia as notícias enquanto ele terminava suas tarefas*), *and* e *as* são *conjunctions*.

EXCLAMATIONS (EXCLAMAÇÕES): usadas principalmente em fala informal, demonstram sentimentos como dor, raiva, alegria etc. Em *Ouch, this hurts!* (*Ai! Isso dói!*) e *Alas! They lost again!* (*Puxa! Eles perderam de novo!*), *ouch* e *alas* são *exclamations*.

> **Importante: *vocabulário ou gramática?***
>
> *Parts of speech*, como funções gramaticais das palavras, talvez também estivessem bem colocadas no capítulo 2 deste livro, que trata de gramática. É difícil, no entanto, além de desnecessário, definir onde vocabulário termina e gramática começa, já que há uma fortíssima interdependência entre ambos; não há um sem o outro.
>
> Para que possamos dizer que sabemos usar a palavra *interested*, por exemplo, precisamos saber que ela é precedida de *verb to be*, seguida da preposição *in* e, por conta da preposição, caso tenhamos um verbo na sequência, ele deverá estar em sua forma com *–ing*. Ou seja, precisamos conhecer a estrutura *to be interested in doing something*, não somente *interested*. Para dizer *I'm interested in learning more about English vocabulary*, precisamos de vocabulário e de gramática, igualmente e impreterivelmente.
>
> Aprenda e ensine palavras em contexto – em frases, textos, diálogos –, não isoladamente.

## *Register* [registro]

*Register* refere-se ao nível de formalidade de uma palavra, ou seja, se ela é formal, informal, neutra etc.

Um pequeno exemplo é a diferença entre *so far* e *hitherto* /ˈhɪðərˌtu/. Na frase *I haven't had any problems so far/hitherto* (*Não tive nenhum problema até agora*), as duas formas são possíveis, ao menos em termos de significado. *Hitherto*, no entanto, é bastante formal, e soaria bastante esquisita num contexto mais informal ou neutro. Pode estar gramaticalmente certa, mas não soa nada natural.

Alguns outros bons exemplos de diferentes *registers* são:

» Em escrita mais formal, geralmente não usamos *contractions* como *I'm, they've, we'll*; preferimos *I am, they have, we will*, e assim por diante.
» Você diria a um amigo: *Hey, dude! It's awesome you've come to visit us! Cheers!* No entanto, você diria para o presidente da sua empresa: *Dear Mr. Smith, it is an honor for us to have you here. Thank you very much for your visit.*
» Com as *relative clauses*, em contextos mais formais, é preferível que usemos *who*, não *that*, ao nos referirmos a pessoas. Da mesma forma, ao nos referirmos a coisas, *which* é mais comum que *that*.

## *Pronunciation* (**pronúncia**)

Se vamos utilizar a nova palavra em nossa fala, é evidente que precisamos saber pronunciá-la. Quantas sílabas ela tem? Qual é a sílaba tônica (*stress*)?

Imagine, por exemplo, que você encontra a expressão idiomática (*idiom*) *my memory is like a sieve* em um livro, e depois de estar certo de que sabe o que ela significa decide se certificar de que sabe pronunciá-la.

Se você se basear nas palavras com "ie" que conhece, tais como *piece, niece, brief* e outras, vai deduzir que *sieve* deve ser pronunciada com um "i" parecido com o de *açaí* em português. E vai errar! Por uma daquelas loucuras tão comuns à pronúncia do inglês, *sieve* é pronunciada com o mesmo "i" de *did*, que soa mais ou menos como o "e" de *você*. Ou seja, é /sɪv/, não /siːv/.

Muito mais sobre pronúncia no capítulo 3.

## *British, American or otherwise*

Embora a maior parte das palavras da língua inglesa sejam perfeitamente compreensíveis em qualquer parte do mundo onde se fale ou entenda inglês, é importante às vezes saber se uma palavra é ou não muito regional, ou se há outra mais comum ou adequada à região onde você está, ou ao seu público-alvo.

Numa palestra recente, no congresso IATEFL (International Association of Teachers of English as a Foreign Language) em Manchester, UK, por duas vezes utilizei o termo *football* em vez de *soccer*, embora o último fosse muito mais comum para mim. Além disso, utilizei (como piada, é verdade) o adjetivo *chuffed* (*I'm really chuffed to be here today!* – Estou muito feliz de estar aqui hoje!), que é extremamente britânico e que normalmente não usaria.

Outro exemplo, menos festivo, foi ter corrigido na redação de um aluno a frase *I want to sit for this exam next year*. Eu cortei a preposição *for* e disse a ele que usamos apenas *sit an exam*, sem *for*. Ele então, muito elegantemente, me enviou por e-mail a definição do verbo do dicionário *Cambridge*, que diz:

> **sit** *verb* (EXAM)
> [T] mainly UK **to take an exam:**
> *After I've sat my exams, I'm going on holiday.*
> Australian English *I sat **for** my exams today.*

Vivendo e aprendendo! (E preciso visitar a Austrália!)

Além disso, é importante que em sua escrita você tente utilizar *spelling* britânico *ou* americano, e que tente não misturá-los. Em alguns exames internacionais, por exemplo, você pode ser penalizado por não se ater a um só. A seguir, você encontra algumas diferenças interessantes entre inglês americano e britânico:

| American English | British English |
|---|---|
| **Spelling** ||
| *traveled, traveler, traveling* | *travelled, traveller, travelling* |
| *realize, criticize, visualize* | *realise, criticise, visualise* |
| *practice (verb), practice (noun)* | *practise (verb), practice (noun)* |
| *center, theater, liter* | *centre, theatre, litre* |
| *color, humor, flavor* | *colour, humour, flavour* |
| *defense, license, offense* | *defence, licence, offence* |
| *dialog* ou *dialogue; catalog* ou *catalogue* | *dialogue, catologue* |
| *diarrhea, pediatric, maneuver* | *diarrhoea, paediatric, manoeuvre* |

>>>

| Different words ||
|---|---|
| *(a pair of) pants* | *(a pair of) trousers* |
| *tube = TV* | *tube = subway (metrô)* |
| *eggplant* | *aubergine* |
| *truck* | *lorry* |
| *check (conta de restaurante)* | *bill* |
| *bill (nota – de dinheiro)* | *note* |
| *drugstore* | *chemist* |
| *gas / gasoline* | *petrol* |

Você encontra uma lista bem mais completa de diferentes palavras que são diferentes em inglês americano e britânico aqui: http://www.oxforddictionaries.com/words/british-and-american-terms (link visitado em maio 2015).

## *Use* (uso)

Como exemplificado anteriormente com *interested*, saber o que uma palavra significa, sua *part of speech*, seu *register*, se é *British* ou *American* e sua *pronunciation* não garante que você irá usá-la corretamente. Você precisa conhecer seu uso, como ela aparece em frases.

Embora extremamente úteis, ferramentas como *Google translator* não vão lhe dar tudo o que você precisa saber sobre uma palavra. Veja este exemplo retirado do livro *The Girl on the Train*, da autora zimbabuana Paula Hawkins:

» *The hot weather has returned and the carriage is stifling today.*

Embora não seja assim tão difícil imaginar o que *stifling* significa no contexto (afinal, *the hot weather has returned*), nosso *Google translator*, ou um dicionário bilíngue, nos dá apenas a palavra *sufocante* como tradução. Nessa parte do livro, a narradora está em um trem, e o vagão (*carriage*) está *sufocante*, pois o tempo está quente. Simples.

Mas será que uma situação pode ser *stifling*? Será que o dia pode estar *stifling*? Essa palavra é formal, informal ou neutra? Paula Hawkins é zimbabuana, mas radicada em Londres: será que é uma palavra exclusivamente britânica? Tem outros *spellings* possíveis? Onde descobrir tudo isso?

Veja este outro exemplo, da canção *For your Babies*, do grupo inglês Simply Red:

» *You've got that look again*
*The one I hope I had when I was a lad.*

*Lad?* Se você não conhece essa palavra, talvez não seja assim tão fácil descobrir o que ela significa em contexto. Uma olhadinha no *Google translator* e você saberá que ela significa *rapaz*. Mas de que idade? Não pode ser também *moça*? Posso usar em qualquer contexto?

Você encontrará respostas para todas as suas dúvidas de vocabulário usando um bom dicionário, especialmente um monolíngue.

## O que aprendemos com dicionários?

Veja a seguir o que o dicionário *Cambridge* nos diz sobre a palavra *stifling*.

**stifling** *adjective* (NO AIR) /ˈstaɪflɪŋ/
» **extremely hot and unpleasant.**

*I can't bear this stifling humidity.*
*Several hundred people were crammed into the stifling room.*

**stifling** *adjective* (PREVENT HAPPENING)
» **preventing something from happening**

*stifling bureaucracy*

**stiflingly** *adverb* /-li/
*It's stiflingly hot in here.*

Respondendo as perguntas que fizemos, será que uma situação pode ser *stifling*? Bem, podemos dizer que *bureaucracy* pode ser *stifling*, então sabemos que a palavra não é usada apenas para descrever ambientes muito quentes, embora esse seja seu principal significado. Não há nenhuma menção às regiões específicas onde a palavra é mais comum, nem a seu nível de registro, de modo que não é uma palavra exclusivamente britânica ou americana (ou australiana, ou escocesa), e é provavelmente neutra. Com relação a seu uso, sabemos que ela pode ser usada com *room*, *humidity* e *bureaucracy*, além de *carriage*, que havíamos visto no livro. Sabemos ainda que há o advérbio *stiflingly*, e que ele "coloca" (de "colocação"; mais sobre isso a seguir em *collocations*, p. 56) com *hot*. Em resumo, sabemos muito sobre a palavra, e podemos agora dizer que temos condições de usá-la.

Vejamos o que o dicionário online *Macmillan* diz sobre a palavra *lad*.

---

**lad** *noun* [countable] British informal /læd/
1 ***a boy or a young man***
*Sam's a really nice lad.*
*Come on, then, lads, let's go!*

2 ***a man who does things thought to be typical of young men, for example drinking alcohol or being very sexually active***
*He used to be a real lad, but he's settled down a bit since he got married.*

---

Você percebeu que todas as nossas perguntas sobre a palavra foram respondidas. É uma palavra informal, britânica, que significa apenas *rapazes*, nunca *moças*, e tem dois significados principais: *rapaz* e, numa tradução aproximada para o português, *moleque*, no sentido de ser *imaturo* e talvez meio *bobo*. Além disso, é um substantivo, e é contável.

Em ambos os casos, aprendemos também como pronunciar as palavras: /ˈstaɪflɪŋ/ e /læd/, respectivamente. Basta, para tanto, que saibamos ler símbolos fonéticos, o que você vai aprender a fazer em nosso capítulo 3.

Em resumo, dicionários são ferramentas indispensáveis para aprender vocabulário (e a "gramática" das palavras, seu uso), principalmente se soubermos usá-los efetivamente, e não apenas para ler definições. Mas atenção: não procure todas as palavras que não conhece no dicionário quando estiver, por exemplo, lendo um texto ou artigo. Entender o que palavras significam em contexto é uma habilidade muito importante, e que não será desenvolvida se recorrermos ao dicionário o tempo todo. Você não conseguirá se lembrar de todas as palavras que buscar no dicionário, além de este hábito de buscar o significado de todas as palavras deixar a leitura chata e demorada.

Procure, sim, palavras interessantes, frequentes, ou que realmente não conseguir entender em contexto. E lembre-se de anotá-las todas em seu caderninho de vocabulário, ao qual voltaremos nas dicas de estudo no final do capítulo.

> **Importante: vocabulário ativo e passivo**
>
> Vocabulário ativo é aquele que utilizamos em nossa comunicação escrita e oral; são aquelas palavras sobre as quais sabemos sentido, registro, pronúncia, uso etc.
>
> Vocabulário passivo, por outro lado, é aquele que, embora não utilizemos ao falar e escrever, compreendemos quando o vemos em textos ou ouvimos alguém usá-lo. São palavras cujos sentidos conhecemos ou podemos inferir dentro de um contexto, e que podem vir a fazer parte do nosso vocabulário ativo eventualmente.
>
> Ler muito desenvolve e amplia nosso vocabulário passivo imensamente, embora em geral precisemos de foco e atenção para transformar vocabulário passivo em ativo. Pesquisar palavras novas em um bom dicionário monolíngue, anotar informações sobre elas em nosso caderninho de vocabulário e tentar escrever frases com elas são maneiras interessantes de *ativar* novo vocabulário.

**EXERCÍCIOS**

Faça agora os exercícios relacionados ao que precisamos saber sobre uma palavra e uso de dicionários. Você os encontrará a partir da página 173.

## Vocabulário: aspectos importantes

### Formação de palavras

Saber formar novas palavras a partir daquelas que já conhecemos, que já existem em nosso repertório, é extremamente útil para ampliarmos nosso vocabulário. Há várias maneiras de fazer isso em inglês.

#### *Affixation* (**afixação**)

Como vimos, o adjetivo *stifling* pode se transformar no advérbio *stiflingly* com a adição do sufixo *–ly*, e ambos derivam do verbo *to stifle*. A esta maneira de formar palavras novas damos o nome de *affixation*.

Há dois tipos de *affixes* (*afixos*): *prefixes* (*prefixos*) e *suffixes* (*sufixos*), partículas que são respectivamente adicionadas ao início e ao final de palavras. Os *suffixes* *–ed*, *–ing* e *–s*, por exemplo, são *inflections* (*inflexões*, também denominadas *flexões* em português*)*, e formam *tried*, *trying* e *tries* a partir da *root* (*raiz*) *try*. A *inflection* *–s* forma, ainda, a maior parte das formas plurais regulares da língua: *pens*, *teachers*, *computers* etc. Já o *suffix* *–al*, por exemplo, a partir da mesma raiz *try*, forma a *derivative (palavra derivada) trial*.

Note como as *inflections* geralmente não mudam a classe das palavras: *tried*, *tries* e *trying* continuam sendo verbos após acrescentarmos, respectivamente, *-ed*, *-s* e *-ing*, assim como *try*. Da mesma forma, *pens*, *teachers* e *computers* continuam sendo *nouns*, mesmo após a adição da *inflection* *–s*. Na formação de *derivatives* com *suffixes*, no entanto, muitas vezes – embora não sempre – mudamos as *parts of speech* das palavras: *try (v) – trial (n); develop (v) – development (n); friend (n) – friendship (n)*.

Finalmente, a adição de *prefixes* pode simplesmente formar o oposto de uma palavra ou adicionar algum significado específico a ela, sem alterar sua *part of speech*: *illogical* é o contrário de *logical*, e ambas são *adjectives*; *rewrite*, *reescrever*, adiciona o sentido de "novamente" à palavra *write*, e as duas são *verbs*; *disadvantage* é oposto de *advantage*, ambas *nouns*.

Vocabulário: aspectos importantes | 39

**NB** As palavras formadas com as *inflections* *–ed* e *–ing* também podem ser adjetivos, como em *She's tired all the time* e *I'm reading a very interesting book at the moment*.

Antes de continuar a leitura, quantas palavras novas você consegue formar a partir das palavras a seguir apenas adicionando *prefixes* e *suffixes*?

| root | noun | verb | adjective | adverb |
|---|---|---|---|---|
| family | | | | |
| honest | | | | |
| person | | | | |

Agora olhe a tabela a seguir com algumas sugestões de palavras formadas por *affixation*.

| root | noun | verb | adjective | adverb |
|---|---|---|---|---|
| family | family | familiarize | (un)familiar, familial | (un)familiarly |
| honest | (dis)honesty | - | (dis)honest | (dis)honestly |
| person | person, personnel | personify, personalize | (im)personal | (im)personally |

As palavras *family, familiarize, familiar, familial, familiarly* etc. formam uma *word family*, assim como *honesty, dishonesty, dishonest, honestly* etc. *Word families* são o conjunto de todas as palavras formadas a partir de uma *root*.

Estes são os *prefixes* mais comuns em inglês:

| | |
|---|---|
| dis-, im-, in-, un-, il-, ir- | São normalmente adicionados a palavras para criar a forma negativa delas. Exemplos: *disable, impossible, injustice, unnecessary, illogical, irregular* etc. Note como no caso das três últimas palavras há duas consoantes iguais no encontro do *prefix* com a *root*. Isso acontece simplesmente porque o *prefix* termina com a mesma letra que a *root* começa. |
| re- | *re-* significa *novamente*, como em *rewrite (reescrever), return (retornar), reelect (reeleger)* etc. |

Outros *prefixes* comuns em inglês são *auto-, anti-, co-, de-, ex-, extra-, inter-, non-, post-, pre-, pro-, sub-, syn-, tri-, uni-,* e vários outros.

Estes são os *suffixes* mais comuns em inglês:

| | |
|---|---|
| -able | *-able* significa *pode ser*. Por exemplo *doable* (que pode ser feito), *understandable* (compreensível, que pode ser entendido), *disposable* (descartável, que pode ser descartado). |
| -ed, -s, -es, -ing, -ly | *-ed, -s, -es, -ing* são *inflections* em inglês. *–ed* é a forma dos verbos regulares no passado (*wanted, loved, lived*); *-s* é adicionado a verbos para formar a terceira pessoa do singular (*wants, loves, lives*) e o plural regular da maioria dos *nouns* em inglês (*dogs, cups, phones*); *-ing* é usado principalmente para formar o *gerund* (gerúndio) em inglês (*studying, reading, drinking*), além de alguns *adjectives* (*interesting* e *amazing*) e *nouns* (como *swimming*, na frase *Swimming is good for your health*); *-ly* é um *suffix* que forma especialmente *adverbs of manner* em inglês (*clearly, slowly, willingly*). |

Outros *suffixes* bastante comuns em inglês são *-al, -ible, -ful, -less, -ity, -ness, -ment, -ous,* e vários outros.

*-er* e *-est* também são *inflexions*, usadas nas formas comparativas e superlativas de adjetivos, como em *faster* e the *fastest*.

## *Compounding* (**formando palavras compostas**)

Outra maneira de formar palavras em inglês é pela combinação de duas outras. Se olharmos, por exemplo, *blackboard*, muito comum em nossas vidas como professores, veremos que ela é na verdade a junção de *black* e *board*, duas palavras independentes.

Há vários outros exemplos desse fenômeno em inglês: *mailman, paperback, word processor, soccer player, second-hand* (*usado, de segunda mão*) e muitas, muitas outras. Perceba que geralmente as consideramos uma só *ideia*, uma só palavra, mesmo aquelas que não são escritas como um só item, como *CD player*, por exemplo.

Alguns padrões comuns para a formação de palavras compostas em inglês são:

» *noun + verb + er*: *soccer player, hairdryer, truck driver*
» *noun + noun*: *classroom, notebook, mousepad*
» *preposition + verb*: *outnumber, underline, overbook*

## *Blending* (**misturando palavras**)

Misturar duas palavras também é uma maneira possível de formar outras novas. Um bom exemplo disso é a palavra *brunch*, muito comum até mesmo em português, e que é o resultado da mistura das palavras *breakfast* e *lunch*.

Alguns outros exemplos: *guesstimate* (*guess + estimate* = estimativa pouco precisa); *webinar* (*web + seminar* = seminário via web, via internet); *motel* (*motor + hotel* = hotel na estrada) etc.

## *Clipping e Conversion* (**reduzindo e convertendo**)

Duas outras maneiras de formar novas palavras em inglês são *clipping* (ou recorte, redução) e *conversion* (conversão).

*Clipping* ocorre quando reduzimos uma palavra mais longa, como acontece com *fridge* (de *refrigerator*), *phone* (de *telephone*) e *roach* (de *cockroach*).

Damos o nome de *conversion* ao processo pelo qual mudamos a *part of speech* de uma palavra. Veja alguns exemplos a seguir:

» *Nouns* podem transformar-se em *verbs*, como ocorre em *Let's google this* (o *noun google* transforma-se em *verb*), ou *Please email me this when you finish it* (em que o *noun email* – que é também um exemplo de *clipping*, já que é uma redução de *electronic mail* – transforma-se em um *verb*.)

» Diversas *parts of speech* podem ser transformadas em *verbs* e *nouns*, como acontece em, por exemplo, *She upped and left* (Ela levantou e saiu, em que a *preposition up* transforma-se em *verb*); *Do you have a solve for this problem?* (em que o *verb solve* é usado como *noun*) etc.

Steve Pinker, em seu incrível livro *Language Instinct*, diz que "*Easy conversion of nouns to verbs has been part of English grammar for centuries; it is one of the processes that makes English English*" (A fácil conversão de substantivos em verbos é uma parte da gramática inglesa há séculos; é um dos processos que fazem do inglês o que ele é).

## *Abbreviations e acronyms* (abreviações e acrônimos)

Você já deve ter visto muitas vezes, ao ler em inglês, termos como *asap, sitcom, NB, e.g., i.e., FAQ* etc. Você sabe o que todos eles significam?

Todos os exemplos do parágrafo anterior são *acronyms*, ou seja, são "palavras" formadas pela primeira letra (ou sílaba) de cada uma das palavras que as compõem: *asap* vem de *as soon as possible* (assim que possível); *sitcom* vem das primeiras sílabas de *situation comedy* (comédia de situação, utilizado para séries televisivas de comédia como *Friends* e *The Big Bang Theory*); *NB*, de *nota bene* (latim para *note bem*); *e.g.*, de *exempli gratia* (latim que significa *por exemplo*); *i.e.*, de *id est* (latim para *isto é*); e *FAQ*, de *frequently asked questions* (perguntas frequentemente perguntadas, em tradução literal). Nem todas as *abbreviations* são *acronyms*: *km*, por exemplo, é comumente usada para *kilometer*, e *Mr* para *mister* (senhor). Veja a seguir alguns exemplos de *abbreviations* e *acronyms* em uso:

» *Can you please let me know what you think about these reports asap?* (Você pode me dizer o que acha destes relatórios o mais rápido possível?).
» *If you have any questions, check the FAQ on our website.* (Se você tiver alguma pergunta, dê uma olhada na parte de perguntas frequentes de nosso site).
» *Read pp. 57-67 for next class.* (Leia as páginas 57-67 para a próxima aula).

O hábito cada vez mais frequente de enviar mensagens de texto (SMS, *WhatsApp* etc.), bem como o uso da internet em geral e de mídias sociais como *Facebook* e *Twitter* em particular, trouxe uma enorme quantidade de *abbreviations* para o inglês. Hoje precisamos, por exemplo, decifrar mensagens como a seguinte: *C u l8r, m8. Btw, C's going 2 b there 2. (See you later, mate. By the way, Ci is going to be there too.)* – Neste link a seguir você encontra uma grande quantidade de *abbreviations* usadas frequentemente no mundo virtual: https://www.englishclub.com/esl-chat/abbreviations.htm. Lembre-se, no entanto, que novas *abbreviations* surgem todos os dias nesse contexto.

**NB** (usando novamente o que você acabou de aprender!): Não há necessariamente regras a respeito de quando usamos as letras de um *acronym* maiúsculas ou minúsculas, ou quando *abbreviations* e *acronyms* terão ou não ponto. Quando em dúvida, essa é mais uma informação crucial que você encontrará em qualquer bom dicionário.

## Types of meaning (tipos de significado)

### *Polysemes* (**polissemia**)

Tal como em português, palavras podem ter vários significados. Pegue, por exemplo, a palavra *just* nas seguintes frases:

» *I just called to say I love you.*
» *She's a very just person.*
» *I've just arrived.*

Em cada uma das frases a palavra *just* tem um significado diferente. É um *adverb* que significa *only* (*apenas*) na primeira frase; um *adjective* sinônimo de *fair* (*justo(a)*) na frase seguinte; outro *adverb* parecido com *recently* (*recentemente*) na última.

Da próxima vez que um aluno perguntar, portanto, o que significa *just*, a única resposta correta será: *That depends. What do you want to say?*

## *Synonyms e antonyms* (sinônimos e antônimos)

Riqueza vocabular vem de conhecer muitas palavras e de saber como usá-las corretamente em contexto. Vem também de conhecer diversas maneiras de dizer a mesma coisa.

*Synonyms* são palavras diferentes que têm significados iguais ou parecidos. Podemos dizer, por exemplo, *she's a very beautiful woman,* ou substituir *beautiful* por *attractive, good-looking, striking* etc. Em outros contextos (não para *woman*), podemos substituir *beautiful* por *handsome, picturesque, scenic, jaw-dropping* (também para *woman*, mas sem *very*) e muitas outras.

*Antonyms*, por outro lado, são palavras que têm significados opostos. *Beautiful*, por exemplo, tem vários *antonyms*, tais como *ugly, unnatractive, inelegant, hideous,* e muitos outros.

É muito importante, no entanto, notar que o fato de duas palavras serem *synonyms* entre si não significa que podem sempre ser usadas no mesmo contexto. Embora *new* e *young* sejam *synonyms*, e ambas possam – com pequenas diferenças de sentido – ser usadas com *person*, apenas *new* pode ser usada com *book*, jamais *young*.

> **Importante:** *non-gradable adjectives*
>
> Como dito anteriormente, a palavra *jaw-dropping* (algo como *de cair o queixo*) não pode ser usada com *very*. A razão para isso é que se trata de um *non-gradable adjective*, ou seja, um adjetivo que já tem significado extremo. Também não se usa *very* com *perfect, fantastic* e *splendid*, assim como não se usa *muito* com *perfeito, fantástico* e *esplêndido* em português.
>
> Com esse tipo de adjetivo, no entanto, podemos utilizar *modifiers* como *absolutely, really* e *totally*, como nos exemplos a seguir:
>
> She's absolutely gorgeous. *(Ela é absolutamente estonteante/maravilhosa.)*
>
> Django Unchained *is a really fantastic movie.* (Django Livre *é um filme realmente fantástico.)*
>
> That beach is totally unforgettable. *(Aquela praia é totalmente inesquecível.)*

## *Homonyms* (homônimos)

*Homonyms* são palavras que têm grafia ou pronúncia iguais, mas diferentes significados. Quando têm grafia igual, são *homographs (homógrafas)*; quando têm pronúncia igual, são *homophones (homófonas)*.

Alguns *homographs* comuns: *desert* /ˈdezərt/ *(deserto)* e *desert* /dɪˈzɜːrt/ *(desertar, partir)*; *lead* /liːd/ *(liderar)* e *lead* /led/ *(grafite)*; *tear* /tɪər/ *(lágrima)* e *tear* /teər/ *(rasgar)*.

Alguns *homophones* comuns: *air (ar)* e *heir (herdeiro)*, ambos /eər/; *cereal* e *serial*, ambos /ˈsɪəriəl/; *be (ser, estar)* e *bee (abelha)*, ambos /biː/.

Todas são *homonyms*.

## *Hyponyms* e *hypernyms* (hipônimos e hiperônimos)

Se pensarmos, por exemplo, na relação entre *knives, forks* e *spoons*, veremos que são todos *types (tipos)* de *silverware (talheres)*. Portanto, *knives (facas), forks (garfos)* e *spoons (colheres)* são *hyponyms* de *silverware*. *Silverware*, por sua vez, é o *superordinate* ou *hypernym* de *knives, forks* e *spoons*. Em outras palavras, *knives, forks* e *spoons* são termos mais específicos (*hyponyms*) e *silverware* é um termo mais geral, mais abrangente (*hypernym* ou *superordinate*).

Uma maneira de estudar (e ensinar) vocabulário é organizando palavras por *hypernyms* e *hyponyms*. Veja o exemplo a seguir.

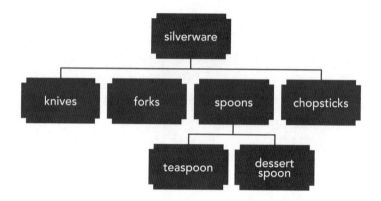

» *Knives, forks, spoons* e *chopsticks* são *hyponyms* de *silverware*, que é o *hypernym* ou *superordinate*. *Spoons*, por sua vez, é o *hypernym* ou *superordinate* de *teaspoon* (*colher de chá*) e *dessert spoon* (*colher de sobremesa*), que são seus *hyponyms*.

## *Lexical fields* (campos lexicais)

Outra maneira muito comum de pensar e estudar vocabulário é por área, por *lexical fields*.

Um de meus livros favoritos sobre vocabulário, *English Vocabulary in Use*, de Michael McCarthy e Felicity O'Dell, em seu nível *advanced*, traz, entre vários outros, os seguintes *lexical fields*: *work, study, birth and death, free time* etc. Em uma das unidades dedicadas a *work*, por exemplo, encontramos as seguintes palavras e expressões: *work full-time* (trabalhar em período integral), *workmates* (colegas de trabalho), *meet a deadline* (cumprir um prazo), *a nine-to-five job* (um trabalho de dia inteiro, das 9 às 17 horas), entre outras. É uma maneira excelente de estudar vocabulário.

Recentemente, por exemplo, numa aula preparatória para o certificado CPE (Cambridge English: Proficiency), iniciei uma unidade sobre *environment* (meio ambiente) escrevendo a palavra no quadro e pedindo aos alunos que sugerissem palavras e expressões relacionadas ao assunto. Na foto, você vê a excelente lista que meus cinco alunos (Eduardo, Gilberto, Lucas, Pedro e Tomas) me ajudaram a criar:

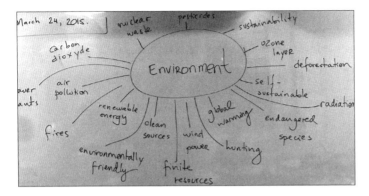

Eis um belo exemplo de um *lexical field*.

**EXERCÍCIOS**

Faça agora os exercícios de *word formation* e *types of meaning* no final do livro. Você os encontrará a partir da página 174.

## Phrasal verbs (verbos frasais)

Chegou a hora. Nas próximas linhas, falaremos dos universalmente temidos e odiados *phrasal verbs*.

### O que são *phrasal verbs?*

*Phrasal verbs* são combinações de *verb + adverb* ou *verb + preposition* que, juntos, dão origem a um novo verbo. Se juntarmos o *verb take* com a *preposition off*, por exemplo, teremos o *phrasal verb take off*. Ao repetir o processo com *look* e *after*, formaremos o *phrasal verb look after*. Veja os exemplos a seguir.

» The plane *took off* on time. (*O avião decolou no horário.*)
» The business really *took off* when they hired new staff. (*O negócio realmente decolou quando eles contrataram novos funcionários.*)
» She *took off* her shoes before walking into their house. (*Ela tirou os sapatos antes de entrar na casa deles.*)
» I'll *look after* Nicole while you work. (*Eu cuidarei/tomarei conta da Lívia enquanto você trabalha.*)

## O que precisamos saber sobre *phrasal verbs?*

Algumas características importantes:

- *Phrasal verbs* são, como já dito, verbos. Logo, terão formas no passado, presente, gerúndio, terceira pessoa do singular etc. A parte que sofrerá as mudanças será sempre o verbo: *putting on* (*vestir, calçar*), *frowned upon* (*desaprovar*), *takes on* (*assumir, aceitar*), e assim por diante.
- Quando utilizamos *phrasal verbs*, não estamos necessariamente "adicionando significados". *Take off*, por exemplo, pode significar *decolar* (literalmente no primeiro exemplo dado anteriormente, e metaforicamente no segundo), ou *tirar, descalçar* (roupas, sapatos e acessórios). Esses possíveis sentidos de *take off* – bem como de *look after* e da imensa maior parte dos *phrasal verbs* – não são óbvios a partir dos significados das partes. Dependeremos de contexto e, muitas vezes, de um bom dicionário para entendê-los. (Se você não conhece, por exemplo, o *phrasal verb bring (somebody) up*, dificilmente o compreenderá em uma frase como *They were brought up in London.* – *Eles foram criados em Londres.*)
- *Phrasal verbs* podem ser formados por duas ou três palavras. Embora todos os exemplos citados até aqui sejam apenas de duas palavras, temos também *put up with* (*tolerar, suportar*), *catch up with* (*alcançar*), *look up to* (*admirar*) e vários outros. Veja-os em exemplos.

» *I'll have to put up with her for two weeks, then she'll go back home.* (*Eu terei de tolerá-la por duas semanas, depois ela voltará pra casa.*)
» *He started the course late, but I'm sure he'll catch up with his classmates.* (*Ele começou o curso atrasado, mas tenho certeza de que vai alcançar os colegas.*)
» *I've always looked up to Aurea. She's one of the best teachers I know.* (*Eu sempre admirei a Aurea. Ela é uma das melhores professoras que conheço.*)

- Alguns *phrasal verbs* são *separable* (*separáveis*), isto é, podem receber o objeto entre o verbo e a partícula (*preposition* ou *adverb*). São os casos, por exemplo, de *call off* (*cancelar*) e *figure out* (*compreender*). Exemplos:

» *The school has called off the class / The school called the class off.* (A escola cancelou a aula.)
» *No one can figure out girls. / No one can figure girls out.* (Ninguém consegue entender as garotas.)

Quando, no entanto, utilizamos um *pronoun*, ele sempre vai entre o *verb* e a *particle*. Veja:

» *The school called <u>it</u> off. / No one can figure <u>them</u> out.* (Jamais ~~The school called off it~~ ou ~~No one can figure out them.~~)

• Já outros *phrasal verbs* simplesmente não são *separable*. São os casos de *come across* (encontrar), *drop out* (abandonar, um curso, por exemplo), e de muitos outros. Exemplos:

» *I came across <u>a phrasal verb</u> in a book that I simply can't figure out.* (Eu encontrei um phrasal verb em um livro que simplesmente não consigo entender.)
» *He dropped out <u>of the English course</u> and never learned phrasal verbs properly.* (Ele abandonou o curso de inglês e nunca aprendeu phrasal verbs direito.)

Nesses casos, mesmo que usássemos *pronouns*, não poderíamos colocá-los "no meio" dos phrasal verbs.

» I ~~came it across~~ in a book...
» He ~~dropped it out~~ and...

• Há *phrasal verbs* que são *intransitive* (intransitivos), ou seja, não levam objeto. São os casos, por exemplo, de *get up* (levantar-se) e *run away* (fugir). Observe:

» *When she said she wanted to talk, he ran away.* (Quando ela disse que queria conversar, ele fugiu.)
» *What time will you get up?* (Que horas você vai se levantar?)

Não há, infelizmente, como saber de qual tipo é o *phrasal verb* que você acaba de encontrar em um texto. Não há nada nas palavras que o formam que sugira se tratar de um *phrasal verb* que é *separable* ou não, transitivo ou não. Mas, adivinha só onde você encontra todas essas informações? (Sim, em um bom dicionário monolíngue!)

### Register de phrasal verbs

Sempre me pareceu que professores brasileiros de inglês têm a impressão de que *phrasal verbs* são formais, e que são excelentes alternativas para contextos mais acadêmicos e textos mais rebuscados, o que não é verdade.

Embora sejam difíceis, especialmente de usar, *phrasal verbs* são, de fato, quase sempre neutros, até informais. Muitos *phrasal verbs* têm equivalentes de uma só palavra – verbos não frasais – que são geralmente mais formais e possivelmente preferíveis dependendo do registro do texto em questão. Compare:

» He *put off* his cigarette. (Ele apagou seu cigarro.)
» It took the fire brigade 48 hours to *extinguish* the fire. (Os bombeiros levaram 48 horas para apagar o fogo.)

O verbo *extinguish* teria soado extremamente formal no primeiro contexto, no qual o *phrasal verb* é altamente preferível. Na segunda frase, no entanto, o *phrasal verb* teria sido perfeitamente aceitável, ainda que (imaginando que essa frase tenha sido retirada de um artigo de jornal) o contexto seja um pouco menos informal.

Em suma, *phrasal verbs* são utilizados em uma enorme variedade de contextos, e apenas em textos muito formais (por exemplo, em artigos acadêmicos) podem não ser apropriados.

### Preciso de phrasal verbs?

Diz a sabedoria popular que se conselho fosse bom, a gente venderia. No entanto, aqui vai o meu. E de graça! (se bem que, a menos que você esteja lendo isto em uma livraria – e, por favor, compre o livro se for o caso! – você já pagou por este conselho!).

Você pode se comunicar sem *phrasal verbs*, e isso é um fato. Na verdade, considerando-se que a língua inglesa é a única na história a ser mais falada como segunda (terceira, quarta...) língua do que como primeira, há certamente uma enorme quantidade de falantes de inglês no mundo que raramente (ou nunca) usa *phrasal verbs*, ou que usa uma quantidade muito pequena deles (*wake up*, *sit down*, *write down* etc.). Você, querido professor, no entanto, é um profissional do idioma, é modelo linguístico para seus alunos, e precisa, SIM, usar uma variedade sempre crescente de *phrasal verbs*.

Assista séries, veja filmes, leia inglês autêntico em revistas, jornais e livros, e você certamente encontrará *phrasal verbs* o tempo todo, em todos eles. Um exemplo? Estou agora em meu escritório em casa (*home office*). Vou abrir o... sétimo livro da esquerda para a direita da primeira prateleira aqui à minha direita. Vou abri-lo na página 137 e ler apenas as primeiras cinco linhas da página. Aposto com você que encontrarei ao menos dois *phrasal verbs* nessas linhas (se eu ganhar a aposta, você compra o livro!)

> *Starting Over*, de Tony Parsons. Página 137, cinco primeiras linhas.
>
> *"So if you have to sleep down here for a bit," Lara said, "then I reckon you're getting off lightly".*
> *That brought my resentment – which had been simmering quietly as I stirred it with a generous serving of guilt – back to the boil.*
> *"After all I've been through, I'm expected to camp out in my own house," I said.*

Ha! *Get off* e *camp out*! Acho que você vai ter que comprar o livro agora!

Embora eu tenha roubado um pouquinho (o que você leu são as *seis* primeiras linhas da página, e não *cinco*), se você fizer esse teste aí na sua casa ou escola agora mesmo, eu garanto que vai obter o mesmo resultado. Como disse o espertíssimo Cole Sear, personagem de Haley Joel Osment no filme *O Sexto Sentido*, *"I see phrasal verbs. All the time. They're everywhere."*

## Idioms (expressões idiomáticas)

Achar um falante não nativo de inglês que use *idioms* com facilidade e naturalidade é como encontrar uma agulha em um palheiro. É, no entanto, fundamental que nós professores tentemos sempre conhecer mais e mais *idioms*, e que os usemos naturalmente em nossa fala.

**O que são *idioms*?**

*Idioms* são combinações fixas de palavras que, geralmente, têm juntas sentido diferente daquele que obteríamos adicionando os significados de cada uma delas. Complicado?

Disse, há pouco, que encontrar falantes não nativos de inglês que usem *idioms* com frequência e naturalidade é como *encontrar uma agulha em um palheiro*. Como você diria isso em inglês? E quanto a *nossos santos bateram*? Ou *Deus ajuda quem cedo madruga*? (respostas ao final desta seção).

Todas as línguas têm *idioms*, e muitas vezes versões bastante parecidas existem em diversos idiomas diferentes (você verá, por exemplo, que a expressão *encontrar agulha em um palheiro* em inglês é literalmente a mesma que em português, formada com as mesmas palavras). Outras são bastante específicas às culturas em que são usadas e não terão traduções literais para outros idiomas (como é o caso de *Deus ajuda quem cedo madruga*, quando comparada a seu equivalente em inglês). Uma coisa é certa, contudo: falantes proficientes (nativos ou não) usam *idioms* em sua fala e escrita.

(É como encontrar agulha em um palheiro = It's like looking for a needle in a haystack. / Nossos santos bateram = We (really) hit it off / Deus ajuda quem cedo madruga = The early bird catches the worm.)

**Tipos de *idioms***

Há vários tipos de *idioms*, e estudá-los faz com que seja mais fácil notá-los quando lemos e ouvimos inglês autêntico, e consequentemente facilita que os usemos:

***SIMILES* (SÍMILES)**: são expressões que comparam duas ideias para metaforicamente transmitir outra, como *my memory is like a sieve*, que estudamos anteriormente quando falamos de pronúncia de novo vocabulário. Elas sempre usam as palavras *as* ou *like*. Alguns exemplos:

» *She can't drive anymore. She's as blind as a bat.* (Ela não pode mais dirigir. Ela está "tão cega quanto um morcego".)
» *They are sisters, but they're like chalk and cheese.* (Elas são irmãs, mas são "como giz e queijo" – embora não faça o menor sentido em português, significa dizer que são completamente diferentes. Talvez a ideia seja – e estou adivinhando aqui – que embora as palavras *chalk* e *cheese* comecem com o mesmo som, elas têm significados completamente distintos).
» *It's been a hard day's night, and I've been working like a dog / It's been a hard day's night, I should be sleeping like a log.* (Da música *Hard Day's Night*, dos *Beatles*. Significam, respectivamente, *trabalhando como um cachorro* e *dormindo como um toco*, a última diferente do português, em que dormimos como *pedras*).

***BINOMIALS* (BINOMIAIS)**: um tipo de *idiom* no qual duas palavras são unidas por uma *conjunction*, geralmente *and*. A ordem das duas palavras é fixa, e mudá-la provoca estranheza. Exemplos:

» *Only you cared when I needed a friend / believed in me through thick and thin.* (Da música *You Make Me Feel Brand New*, também da banda inglesa Simply Red. Significa algo como nossa expressão *por poucas e boas*, ou *para o que der e vier*, embora traduzindo literalmente signifique *grosso e fino*.)
» *Traffic today was bumper to bumper. It took me hours to get to work.* (O trânsito hoje estava "para-choque a para-choque", que significa, é claro, que o trânsito estava muito ruim.)
» *First and foremost, it is an honor to be here with you today.* (Primeiro e principal, literalmente. Equivalente a nossa expressão *antes de mais nada*. Um dos poucos *idioms* utilizados em linguagem mais formal, uma vez que *idioms* geralmente ocorrem em contextos mais neutros ou informais.)

*PROVERBS* (**PROVÉRBIOS**): são frases curtas, da sabedoria popular, que são usadas para fins de conselhos ou avisos.

» *You have to be positive and work hard. Where there's a will there's a way. (Você tem que ser positivo e trabalhar duro. Onde há vontade há um caminho.* Similar à nossa expressão *onde há fé, há esperança.)*
» *I didn't get that job, but got a much better one a week later. Maybe it's true that every cloud has a silver lining. (Não consegui aquele emprego, mas consegui um muito melhor uma semana depois. Talvez seja verdade que "toda nuvem tem um contorno de prata",* ou, em português, *tudo tem seu lado bom.)*
» *We need to prepare different activities for our students. After all, variety is the spice of life. (Precisamos preparar atividades diferentes para nossos alunos. Afinal de contas, variedade é o tempero da vida.)*

Outros tipos comuns de *idioms* incluem (adaptado de *English Idioms in Use – Advanced*, de Felicity O'Dell e Michael McCarthy):

**EUPHEMISMS (EUFEMISMOS):**
» *I'm going to powder my nose. (Vou "colocar pó no nariz".* Apesar de parecer algo completamente diferente em português, significa apenas *vou ao banheiro.* Especialmente usada por mulheres, vem do fato de que mulheres também usam o banheiro para retocar a maquiagem, que é de onde vem o *pó* da expressão, de *pó de arroz.)*
» *Tarantino's movies are full of four-letter words. (Filmes do Tarantino têm muitos palavrões.* Vem do fato de que muitos palavrões comuns em inglês são palavras de quatro letras, ou seja, são *four-letter words,* como *shit* e *fuck.)*

**CLICHÉS E FIXED STATEMENTS (FRASES FIXAS):**
» *Marcelo is coming to the party!? I'll believe it when I see it! (O Marcelo vem para a festa? Só acredito vendo!)*

> *Forget her! There's plenty more fish in the sea! (Esqueça-a! Há muito mais peixe no mar!* Usada para dizer a alguém que acaba de terminar um relacionamento que há muitas pessoas no mundo, e que portanto a pessoa perdida não é insubstituível.*)*

**OTHER LANGUAGES (DE OUTROS IDIOMAS):**

> *We, Brazilian teachers of English, have to challenge the status quo, in which students tend to prefer native-speaker teachers over us. (Nós, professores brasileiros de inglês, precisamos desafiar o status quo – as coisas como elas hoje são –, em que alunos tendem a preferir professores nativos a nós.* – Também usamos a expressão *status quo*, que vem do latim, em português.*)*
> *We have to learn idioms and phrasal verbs. C'est la vie! (Temos que aprender idioms e phrasal verbs. É a vida!* – A expressão é frequentemente usada em inglês, e vem, obviamente, do francês.*)*

## Preciso de *idioms?*

A resposta aqui é exatamente a mesma de quando discutimos *phrasal verbs*. Não e sim. Embora não sejam indispensáveis para a comunicação, e pelas mesmas razões já descritas provavelmente não sejam utilizados por uma boa parte dos falantes de inglês no mundo, professores não são – ou não devem ser – apenas falantes medianos, intermediários de inglês, devendo sempre procurar melhorar seus conhecimentos e utilizar o inglês da maneira mais proficiente e natural possível.

Se este é o objetivo – soar mais *natural* falando e escrevendo em inglês, principalmente em contextos mais informais ou neutros –, saber usar os *idioms* mais frequentes é, no mínimo, extremamente desejável.

**EXERCÍCIOS**

Antes de seguir para a parte de *collocations*, faça os exercícios de *phrasal verbs* e *idioms* no final do livro, que começam na página 178.

## Collocations (colocações)

Embora estejamos chegando ao fim de nosso capítulo sobre vocabulário em inglês, trataremos agora do que é provavelmente a parte mais importante dele: *collocations*.

Na verdade, já discutimos brevemente a questão das *collocations*, quando dissemos que saber usar bem uma palavra ou expressão exige que saibamos *usá-la em contexto*. É exatamente a isso que se referem as *collocations*.

### O que são *collocations*?

*Collocations* são palavras que ocorrem juntas com frequência, mais do que por mera coincidência. Como exemplificamos, embora *new* e *young* sejam *synonyms*, apenas uma delas *combina* com *book*. Podemos dizer *I bought a new book*, mas jamais *I bought a young book*. Dizemos *The wall is yellow*, mas *Her hair is blond(e)*, embora ambas as palavras signifiquem, de certa forma, *amarelo(a)*. Nossos alunos *do homework*, eles não *make homework*, embora *do* e *make* tenham a mesma tradução: *fazer*. E assim por diante.

Há diversos tipos de *collocations*, e a lista que segue foi adaptada da obra *English Collocations in Use*, edição avançada, dos autores britânicos Felicity O'Dell e Michael McCarthy.

### Tipos de *collocations*

| verb + noun ou noun + verb ||||
|---|---|---|---|
| **verb** | **noun** | **example** | **translation** |
| *do* (não *make*) | homework | I did all my homework. | Fazer lição de casa |
| *listen to* (não *hear*) | music | How often do you listen to music? | Ouvir música |
| *watch* (não *look at*) | television | I stopped watching TV every day. | Assistir televisão |

>>>

| noun | verb | example | translation |
|---|---|---|---|
| opportunity | arise (não show up) | When the opportunity arose, he wasn't prepared. | Oportunidades aparecem |

| noun + noun ||||
|---|---|---|---|
| noun | noun | example | translation |
| piece of | advice / information | Can I give you a piece of advice?[3] | Um conselho / uma informação[4] |
| discount | store | Primark is a very famous discount store in the UK. | "Loja de descontos", mais barata |
| learning | disability | Dyslexia is a common learning disability. | Dificuldade de aprendizado |

| adjective + noun ||||
|---|---|---|---|
| adjective | noun | example | translation |
| heavy (não ugly) | traffic | There's always heavy traffic on my way to work. | Trânsito ruim, pesado |
| tepid / lukewarm | coffee | I just can't drink tepid / lukewarm coffee. | Café "meio frio", morno |
| foreign | currency | When traveling abroad, you need to buy foreign currency. | Moeda estrangeira |

| adverb + adjective ||||
|---|---|---|---|
| adverb | adjective | example | translation |
| completely | understand | If you can't go to my party, I'll completely understand. | Entender completamente |

>>>

3  *Give advice* é também um bom exemplo de *verb + noun collocation*.
4  Na verdade, *um pedaço de conselho/informação*. Embora não faça sentido em português, em inglês essas palavras não são contáveis, e portanto não têm forma no plural. Com *piece of*, podemos quantificá-las, como em *He gave me three very important pieces of advice* (Ele me deu três conselhos muito importantes.)

| stunningly | attractive | My wife's stunningly attractive. | Absurdamente atraente |
| incredibly | nice | That was incredibly nice of you, thank you. | Incrivelmente bacana |

| verb + adverb ou adverb + verb ||||
| verb | adverb | example | translation |
| --- | --- | --- | --- |
| trust | completely | I trust you completely, don't worry about that. | Confiar plenamente |
| cry | profusely / copiously | Every time she hears that song, she cries profusely. | Chorar copiosamente |
| drive | recklessly | I used to drive really recklessly, but I've learned my lesson. | Dirigir sem cuidado / "feito um louco" |

Essa não é uma lista completa de todos os tipos de *collocations* que temos em inglês, mas certamente nos ajudará a começar a <u>notar</u> *collocations*. Perceber *collocations* enquanto ouvimos e lemos em inglês é fundamental para que aprendamos a entendê-las melhor e, eventualmente, a usá-las.

## A importância das *collocations* (ou por que *bad* é ruim e *good* também não é tão bom assim)

» I saw a very bad movie yesterday. It was really bad.
» I'm reading a very good book at the moment. It's really, really, really good.

Pois é, *bad* e *good* estão em todos os lugares em nossa fala e em nossa escrita. Não nativos tendem a adorar essas duas palavras, e acabam descrevendo suas experiências (filmes, livros, viagens) de maneira bem pouco precisa, e geralmente nada interessante. Veja a diferença que o bom uso de *collocations* faz:

» I saw an absolutely appalling movie yesterday. It was truly awful.
» I'm reading a riveting book at the moment. It's absolutely unputdownable.

Estudar *collocations*, notá-las, prestar atenção em como o idioma acontece na fala e na escrita de usuários proficientes, tem boa chance de (começar a) transformar o seu uso do inglês. Veja os exemplos a seguir – em *azul* você encontrará adjetivos e advérbios, e sublinhadas as palavras com as quais eles *combinam*:

» *A fast-paced and entertaining <u>novel</u> with a superlatively romantic <u>premise</u>... <u>Readers</u> will be as caught up as Hadley is by the physical and emotional <u>distances</u> she traverses. – Publishers Weekly*, sobre o livro *The Statistical Probability of Love at First Sight*, de Jennifer E. Smith.

(Em uma palavra? Uau! Eu quero ler esse livro!)

» *Before having a <u>child</u>, my wife and I had always prided ourselves on being travelers and not tourists. We liked out-of-the-way <u>places</u>; my research often took us to absurd <u>locations</u> like the Democratic Republic of Congo near rebel-held <u>territory</u> or old Khmer Rouge bases on the Thai-Cambodian <u>border</u>. We hated anything that smelled of a prepaid vacation <u>package</u> and we generally <u>avoided</u> hotels, preferring guesthouses or staying in locals' <u>apartments</u>. – Reif Larsen*, para o jornal *The New York Times*, em 1º mai. 2015.

Veja como não há, em nenhum dos dois textos, nada remotamente parecido com *good* e *bad*, ou *beautiful, nice, ugly, cool, OK* etc. Usar vocabulário interessante, com *collocations* comuns e que soam naturais, não é tarefa fácil. No entanto, como você verá no final deste capítulo, está intimamente ligado a quanto você lê.

## Checando *collocations* – usando *corpus linguistics* (linguística de corpus)

Um dos aspectos mais excitantes do uso de computadores e da internet, ao menos no que se refere ao estudo de idiomas, é a facilidade que trouxe para a área de *corpus linguistics*, ou linguística de corpus.

Linguística de corpus é assim definida na Wikipedia, o segundo site mais importante do universo, logo atrás do Google: "área da Linguística que se ocupa da coleta e análise de corpus, que é um conjunto de dados linguísticos coletados criteriosamente para serem objeto de pesquisa linguística".

Um exemplo de *corpus* muito simples – e extremamente fácil de consultar – é o Google. Imagine que você está escrevendo um trabalho para a sua pós-graduação em inglês, e quer saber se o correto, ou mais comum, é utilizar *do research* ou *make research*. Você abre seu navegador, entra no Google e digita entre aspas *do research* na barra de pesquisa.

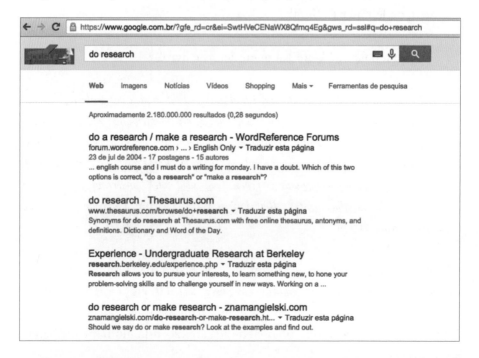

Você verá, logo abaixo da barra de pesquisa, que o Google encontrou mais de 2 **bilhões** de casos em que *do research* foi usado na internet. Se você repetir o processo para *make research*, o Google encontrará 453 mil casos, praticamente todos em sites discutindo se você deve usar *do* ou *make* com a palavra *research*. Ou seja, você deve dizer *do research*, sempre.

Um pouco mais sofisticada, e também do Google, é a ferramenta *NGram Viewer* (https://books.google.com/ngrams). A diferença é que o *NGram* não pesquisa toda a internet, mas "apenas" um acervo de milhares e milhares de livros escritos em inglês, o que lhe dará um resultado ainda mais confiável do que uma simples pesquisa no Google. Veja agora a mesma pesquisa realizada no *NGram Viewer*.

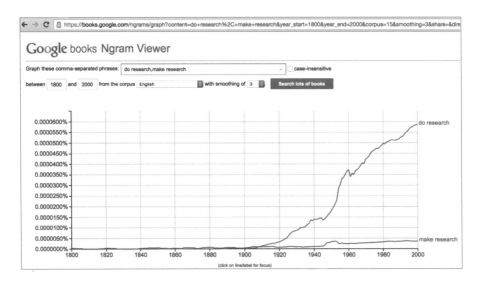

Você vê novamente que *make research* é praticamente inexistente, e que *do research* é, sem nenhuma dúvida, a forma mais comum. Perceba na imagem que você pode, com o *NGram*, escolher um período histórico específico para a sua consulta (esta foi feita entre 1800 e 2000). Você pode, ainda, pesquisar várias expressões ou frases diferentes ao mesmo tempo, com até cinco palavras cada. E tudo de graça!

Há vários outros *corpus* (na verdade *corpora*, que é o plural) que você pode consultar online. Procure-os no Google!

## Dificuldades comuns do professor brasileiro de inglês – vocabulário

Veja agora uma pequena compilação de errinhos comuns cometidos por professores de inglês, principalmente brasileiros.

## Prepositions

*Prepositions* são um pesadelo para nossos alunos, mas a verdade é que também o são para nós. Em seguida, algumas regrinhas e lembretes bem simples para nos ajudar um pouco a enfrentar essas feras.

**VERB/ADJECTIVE+PREPOSITION:** Alguns verbos e adjetivos pedem *prepositions* específicas; quando em dúvida, você deve buscá-las em um dicionário, já que não são nem um pouco óbvias. Alguns casos clássicos de dificuldades: *depend on, focus on, interested in, good/incredible/bad/fantastic/terrible/lousy at, discuss about (usado sem nenhuma preposition, como em I love discussing politics), marry with somebody* (sem *preposition*, como em *I married Cintya in 2007*), *congratulate somebody* **on** *something* (não *for*), *participate in*, entre outros.

**PREPOSITIONS OF PLACE (PREPOSIÇÕES DE LUGAR):** Vamos falar um pouco das complicadas *in, on* e *at* para indicar lugar.

A diferença entre *in* e *at* não é muito clara, e em muitos casos é mais uma questão de uso que de significado. Costuma-se, por exemplo, dizer que alguém está *at work* quando está trabalhando, e não *in work*. Um exemplo disso é *My mom's at work at the moment*. No entanto, dizemos geralmente *in hospital* quando a pessoa em questão é paciente, como em *He's unfortunately still in hospital*. Curiosamente, usar *in the hospital* ou *at the hospital* (com o artigo definido *the*) significaria que a pessoa está lá a trabalho, como um médico, ou apenas visitando alguém.

Com exceção dessas expressões mais ou menos fixas, *in* geralmente significa que alguém ou algo está *dentro* de alguma coisa. Diríamos por exemplo *The beer is in the freezer*, não *at the freezer*, e *She's in her office*, não *at her office*, e assim por diante. Já *at* usamos quando nos referimos a um lugar de maneira mais geral, e não queremos dizer necessariamente que algo ou alguém está *dentro* de um lugar. Por exemplo, *Let's meet at the subway station* não significa necessariamente que vamos nos encontrar *dentro* da estação de metrô, mas talvez em frente a ela. O mesmo ocorre com *She's at the office* (não necessariamente *dentro* do escritório neste momento).

Já a *preposition on* é normalmente usada para dizer que um objeto (ou alguém) está em contato com alguma superfície, como na popularíssima *The book is on the table*. Dizemos também que *They were on stage* (no palco) *until 2 a.m.*, *I left the tests on my desk (in the teachers' room)* etc.

Uma área complicada das *prepositions of place* para professores pode ser quando elas se referem a meios de transporte. Vamos lá:

Usamos *on* para dizer que estamos *dentro* de um veículo de transporte coletivo, e não *in* como se suporia. *Where are you? I'm on the bus/train/plane/ship/boat/ferry boat* etc. Usamos *on*, ainda, para *bicycle, horse* e *motorcycle*, como em *I was on my bike when you called me*. Por isso, *embarcar/entrar* em um desses meios de transporte é *get on* em inglês (*I got on the bus and immediately fell asleep.*) O oposto, *desembarcar*, seria *get off* (*As you get off the train, please mind the gap between the train and the platform.*) Uma exceção – e tem sempre uma exceção! – é *car*, palavra com a qual usamos *in* e *out of*, e não *on* e *off* (*Traffic is so heavy in São Paulo you can actually read in the car, while you're driving. / Get out of the car, sir, and put your hands where I can see them.*)

Finalmente, usamos ainda as *prepositions of place* para falar de endereços, países, estados, continentes etc. Normalmente, especialmente em inglês americano, funciona assim: somente com o nome da rua, usamos *on*, como em *I work on Avenida Paulista*. Se incluirmos o número, passamos a usar *at*, como em *My favorite restaurant in João Pessoa is at 696, Av. General Edson Ramalho*. Como vimos na frase anterior, usamos *in* para cidades e também para bairros, estados e países. Por exemplo, *I live in Chácara Flora, which is a neighborhood in São Paulo. São Paulo is the biggest city in Brazil.* Também usamos *in* para continentes, como na frase *I participated in a teaching conference in Europe last month.*

**NB:** Embora não seja uma *preposition of place*, para não confundir, lembre-se que usamos *by* para todos os meios de transporte quando falamos de como nos locomovemos. Por exemplo, *I went to the UK by plane, I've never traveled by ferry boat/train, I'd love to be able to go to work by bicycle* etc. A exceção, nesse caso, é *on foot* (*I never go anywhere on foot. I'm so lazy!*)

***PREPOSITIONS OF TIME (PREPOSIÇÕES DE TEMPO):*** Menos complicadas, mas ainda assim às vezes nos confundem um pouco. Alguns lembretes:

Quando falamos dos horários específicos em que as coisas ocorrem, usamos *at*, como em *My next class starts at 7 o'clock*, *I'll call you at lunchtime* etc. Já para meses e anos, a preposição é sempre *in*, como em *in July, in 1980*, ou ainda *in July 1980*, com mês e ano juntos. No entanto, quando nos referimos ao dia específico, seja ele do mês ou da semana, a preposição será sempre *on*. Alguns exemplos: *I do Pilates on Tuesdays and Thursdays; Helton was born on November 18, 1985; What will you do on your birthday?*

Olhando especificamente para os dois últimos exemplos, vemos que usamos *on* com *November 18, 1985*, e o fazemos porque mencionamos o dia, independentemente de também haver na frase o mês e o ano; usamos ainda *on* com *birthday*, pois, afinal, *birthday* também é um dia.

Uma notinha cultural: embora em inglês americano usemos para datas completas a sequência *month/day/year*, em inglês britânico a ordem é a mesma que em português: *day/month/year*. O exemplo anterior, portanto, do lado de lá do oceano, seria *Helton was born on 18 November, 1985*, dito *on (the) eighteenth (of) November, 1985*.

***PREPOSITIONAL PHRASES:*** São expressões que começam com *prepositions*, e algumas das mais comuns são *at least* (no mínimo), *at the latest* (o mais tardar), *by heart* (de cor), *by the way* (aliás, por falar nisso), *for ages* (por um tempão), *on time* (em cima da hora), *in time* (dentro do horário) e um infinidade de outras. Gostaria de discutir rapidamente, no entanto, as levemente mais complicadas *in the end* e *at the end*.

*In the end* é geralmente usada como um *idiom*, e significa *finalmente, no fim* (é um *synonym* de *finally*). A banda Linkin' Park, por exemplo, canta a plenos pulmões que *in the end, it doesn't even matter*. Podemos ainda dizer, *In the end, she decided to stay*, ou *In the end, we understood what he had meant*. Geralmente é separado do restante da frase por vírgula.

*At the end*, por outro lado, é frequentemente acompanhada de *of*, e refere-se ao fim de alguma coisa, de um evento ou tempo específico. Diríamos, por exemplo, *There will be a quiz at the end of the class today*, e *At the end of the semester, she'll travel to Chile with her family*. Pense, portanto, em *at the end of something*, não apenas em *at the end*.

Finalmente, o que foi dito sobre *in the end/at the end of* também vale para *in the beginning/at the beginning of*.

**Countable and uncountable nouns (substantivos contáveis e incontáveis):** Outra área que provoca precoce queda de cabelos em professores e alunos, mulheres inclusive. A questão, no entanto, é muito simples: há várias palavras em inglês que simplesmente não funcionam como em português, e não podem ser postas no plural por não serem *countable*. São os (famosos) casos de *advice, information, bread, homework, feedback, equipment* e diversas outras. Como diz meu querido amigo Adir, "aceita que doi menos".

Há, no entanto, diversas formas de "quantificar" *uncountable nouns*. Podemos *eat three loaves of bread, give two pieces of advice/information, buy some equipment, give some (very good) feedback* (*some*, aliás, pode ser usado com todas as *uncountable nouns*), e assim por diante.

**Classroom vocabulary (vocabulário de sala de aula):** veja a seguir alguns pequenos lapsos que frequentemente ocorrem quando estamos no nosso lugar favorito em todo o mundo: a sala de aula.

» *Time's finished / Time's over / Time's up:* As três variações de *Acabou o tempo* parecem ser bastante comuns em sala de aula, mas na verdade, de acordo com *corpora*, a maneira mais natural de avisarmos nossos alunos do final de uma atividade é *time's up! Time's finished*, tão comum em nossas salas de aula, simplesmente não aparece no *NGram Viewer*.
» *a homework / a feedback:* Como já foi dito, essas palavras são *uncountable* em inglês e não podem ser usadas com o artigo indefinido *a* ou colocadas no plural. Diga, então, *I gave you some homework last class*, ou *I'd like you to give me some feedback on our classes so far*, e assim por diante.

» *pay attention to the example:* Devemos sempre dizer *pay attention to the example*, por exemplo, e não *in the example*.
» *slangs:* Mesmo caso de *homework* e *feedback*, *slang* também é uma *uncountable noun*, e como tal não pode ser usada com *a* ou com plural. Diga *Don't use (any) slang when writing more formally*, nunca *slangs*.
» *Do you have any ~~doubts~~ questions?:* Este é mais um caso de uso, me parece, do que necessariamente de (in)correção. Uma análise de *corpora*, no entanto, sugere que *questions* nesse contexto é infinitamente mais comum que *doubts*, e portanto devemos preferir sempre usar *questions*, e estimular nossos alunos a fazer o mesmo.

Durante a preparação desta parte do livro, contei com a ajuda (especialmente via mídias sociais) de vários amigos e colegas professores, e uma infinidade de sugestões interessantes foram feitas por eles. Preferi, no entanto, me ater às áreas de preposição, *countable* e *uncountable nous* e *classroom vocabulary*; sem, é claro, tentar esgotar nenhuma delas.

Me parece mais importante neste momento, com este livro específico, que professores de inglês levem daqui a ideia de que precisam passar a *notar* vocabulário com mais frequência e cuidado, e que usem boas ferramentas para dirimir suas dúvidas e aprender cada vez mais (*corpora*, dicionários, livros sobre vocabulário, leitura etc.).

Finalmente, meu amigo Luiz Otávio Barros, autor do prefácio deste livro, escreveu em seu blog um artigo muito útil sobre *classroom language*, que eu recomendo que você leia, bem como todos os comentários. Aqui vai o link para o post, visitado em 1º mai. 2015: http://www.luizotaviobarros.com/2013/05/classroom-language-teachers.html.

**EXERCÍCIOS**

Para terminar, faça agora os exercícios de *collocations* no final do livro, a partir da página 179.

## Considerações finais e dicas de estudo (ou por que a leitura salvará sua vida)

Vocabulário é, como foi dito no início do capítulo, o sistema do idioma que o levará mais longe, que o capacitará a fazer mais com ele. Relembrando as palavras de David Wilkins, "sem gramática muito pouco pode ser transmitido, mas sem vocabulário nada pode ser transmitido".

Como, então, seguir melhorando nosso vocabulário todos os dias, de modo a sermos falantes mais proficientes e, consequentemente, melhores modelos linguísticos para nossos alunos?

## Read!

Entre julho e novembro de 2014, o Brasil discutiu incansavelmente um assunto muito importante: as eleições presidenciais. Inundamos as mídias sociais e as conversas em bares, restaurantes e rodas de amigos com política, perdendo um punhado de amigos no processo. Nessas discussões, uma enorme quantidade de vocabulário específico foi utilizada: *segundo turno, vitória apertada, pesquisa de opinião ("Ibope"), boca de urna, partidos políticos* etc. Logo antes disso, o assunto foi a Copa do Mundo, disputada no Brasil. *Convocar jogadores, seleção brasileira, lateral-direito, chutar a bola na trave, levamos uma surra da Alemanha!* etc. Como dizer todas essas coisas em inglês?

É evidente que um professor de inglês – seja ele de onde for! – não tem nenhuma obrigação de dominar todo o vocabulário do idioma; isso é absolutamente impossível. Também não é possível conhecermos vocabulário específico sobre todos os assuntos, o que não ocorre mesmo em nossa língua materna. No entanto, o professor precisa ser capaz de discutir assuntos do dia a dia, assuntos que são do interesse de seus alunos (por exemplo, política em época de eleição e, especialmente no Brasil, futebol), usando vocabulário rico e preciso.

Onde aprender vocabulário específico sobre futebol para satisfazer a curiosidade dos alunos em tempo de Copa do Mundo? Como discutir os atuais escândalos políticos com eles (*Mensalão, Petrolão, Trensalão...*)? Como aprender a dizer *papado, catolicismo, conclave, arcebispo, batina* etc., vocabulário muito comum quando da eleição do Papa Francisco há alguns anos?

A resposta é: leia em inglês. Leia muito. Leia de tudo. Leia sempre!

Ler muito, sobre assuntos variados e usando diversas fontes e meios (jornais e revistas, livros, blogs), é em minha opinião o exercício mais completo de aquisição de língua que existe. O professor que lê muito melhora seu uso do idioma, amplia e consolida seu vocabulário, enriquece seu conhecimento geral, de mundo – o que certamente deixará suas aulas mais interessantes. Ler muito também vai ajudá-lo a ler mais, pois a única maneira de criar um hábito em sua vida é praticando sempre!

Eis um exemplo de como ler ajuda o professor (e o leitor em geral) com aquisição de vocabulário. Este trecho a seguir, do jornal americano *The New York Times* de abril de 2015, sobre a inaceitável brutalidade policial contra professores grevistas em Curitiba, traz grande quantidade de vocabulário comumente usado para discutir esse assunto; vocabulário este que certamente é perguntado a professores de inglês Brasil afora sempre que algo do tipo acontece.

Enquanto você lê o texto, identifique os termos em inglês para: *bombas de efeito moral, professores em greve, bala de borracha,* gás lacrimogênio, *amplamente criticado(a), exagerado(a).*

*The police fired rubber bullets, tear gas and stun grenades at striking teachers in the southern city of Curitiba on Wednesday, leaving more than 150 people injured. The police said they responded after a few protesters tried to gain access to a state congressional building where legislators voted to make cuts to teachers' pension plans. But the authorities' response was widely criticized as heavy-handed. Live television showed the police firing the nonlethal weapons into tightly packed clusters of striking teachers after some protesters tried to break through police lines around the Paraná State congressional building. Water cannons were also used to push back demonstrators. A statement on the Curitiba municipal government's website said at least 150 people had been treated for injuries. The state security department said about 20 police officers had been hurt.*

The New York Times, April 29, 2015.

Difícil? Talvez você tenha tido um pouco de dificuldade para entender alguns detalhes do texto, mas tenho certeza de que conseguiu entender a ideia, e que se estivesse lendo esse artigo para se informar sobre o assunto, teria tido sucesso. Faça isso todos os dias e, muito rapidamente, você notará diferenças importantes em seu inglês. Quanto ao vocabulário, as respostas são: *bombas de efeito moral – stun grenades*; *professores em greve – striking teachers*; *bala de borracha – rubber bullets*; *gás lacrimogênio – tear gas*; *amplamente criticado(a) – widely criticized*; *exagerado(a) – heavy-handed*[5].

Agora pense: antes de ler esse texto, disponível gratuitamente na internet (no site www.nytimes.com), você saberia dizer a seus alunos como falar todas essas coisas em inglês?

Leitura é um hábito, e, como sugeri, só será desenvolvido com a prática. Veja agora algumas dicas para desenvolver o hábito da leitura no seu dia a dia:

- Troque a página inicial do seu navegador de internet para a de um grande jornal ou revista em inglês, como *The New York Times*, *The Guardian* (www.theguardian.com) ou a revista *Time* (www.time.com). Sempre que abrir seu navegador, tente ler em inglês uma ou duas reportagens sobre assuntos de seu interesse.
- Adquira o bom hábito de ler, digamos, ao menos 12 livros por ano, um por mês. Tente ler diferentes gêneros (romance, suspense, fantasia...) e autores de diferentes partes do mundo. E sim, você tem tempo! Basta priorizar.
- Gosta de correr? Leia a *Runners' World*! Gosta de cinema? *Empire*. Notícias? *The Economist*. Tente ler revistas em inglês sobre assuntos de seu interesse. Além de melhorar seu conhecimento do idioma, você lerá sobre seus assuntos favoritos de diferentes pontos de vista. E você não precisa pagar nada por isso, já que muitos dos artigos dessas revistas estão disponíveis de graça em seus sites oficiais.

---

5   De acordo com o dicionário *Cambridge*, "*using too much force in dealing with someone*". Equivalente a *exagerado(a)*, *excessivo(a)*.

- Evite ler em português livros publicados originalmente em inglês. Se você gosta, por exemplo, de Dan Brown, Nicholas Sparks, Marian Keyes etc., leia seus livros em inglês! Um *pocket book* costuma custar menos do que o livro traduzido para o português, e vai ser muito mais útil.
- Invista em um leitor eletrônico como Kindle, Kobo, Lev, entre outros, ou em um de seus respectivos aplicativos gratuitos para *smart phones* e *tablets*. Livros para leitores eletrônicos (*e-books*) são mais baratos que livros de papel, você raramente terá dificuldade para encontrar títulos que procura, e ainda contará com um dicionário eletrônico que permitirá que descubra o significado de uma palavra desconhecida simplesmente tocando nela enquanto lê.
- Qualquer leitura é boa leitura! Se você ainda não tem o hábito de ler, não tente necessariamente começar lendo Charles Dickens, Virginia Woolf, Edgar Allan Poe... Aliás, você não será uma pessoa menos feliz se jamais ler nenhum desses autores, a despeito do que seus professores lhe diziam! Comece lendo o que parece interessante para você, o que o atrai. Leia todas as trilogias de vampiros, deuses, bruxos, adolescentes incríveis etc. Leia o que você gosta! E, quem sabe? Talvez Nicholas Sparks um dia leve você a se interessar por Flaubert! (E tudo bem se isso não acontecer!).
- Crie desafios! Por exemplo, comece lendo 10 páginas de um livro todos os dias; quando já tiver se acostumado, aumente para 15, e assim por diante. (Este vídeo do site TED pode inspirá-lo a tentar: http://www.ted.com/talks/matt_cutts_try_something_new_for_30_days).
- Tenha um caderno exclusivamente para anotar vocabulário e estruturas interessantes que aprender com suas leituras e estudos de inglês em geral, como quando assiste filmes, vídeos e séries. Em seu caderninho de vocabulário, não anote apenas a palavra e seu significado. Como vimos, há várias coisas que você deve saber sobre uma palavra para ser capaz de usá-la bem. Veja a foto de uma das páginas do meu caderno de vocabulário, onde anotei as palavras *avuncular* e *josh(ing)*, ambas retiradas do livro *Us*, de *David Nicholls*. Ao lado das palavras estão anotadas a *part of speech*, a pronúncia em *phonemic symbols*, uma frase de exemplo

Considerações finais e dicas de estudo (ou por que a leitura salvará sua vida) | 71

em azul e, por último, o *register*. Nestes dois casos específicos, não escrevi a tradução para o português das palavras, mas é algo que geralmente faço. E o caderno, sem dúvida, me ajuda muito a melhorar meu vocabulário sempre.

> - avuncular /əˈvʌŋkjʊlər/ (adj) friendly, kind or helpful, like the expected behavior of an uncle. I noted their avuncular ease, their joshing tone. (formal)
>  ?
>
> - josh /dʒɑːʃ/ to joke, often with the intention of annoying someone in a playful way. example above (adj: joshing). (informal)

A leitura é, como disse, a melhor maneira de melhorar seus conhecimentos de qualquer idioma. Portanto, a maneira mais eficaz (e barata) de investir no desenvolvimento de seu inglês todos os dias é ler bastante!

Boas leituras!

CAPÍTULO 2
# Gramática

Michael Swan, autor britânico, em um artigo intitulado "*Seven bad reasons to teach grammar and two good ones*" (Sete razões ruins para ensinar gramática e duas boas), escreveu que gramática é importante, mas que provavelmente, na maior parte do mundo, focamos nossas aulas demasiadamente nela. Concordo com ele.

Gramática tende a ser uma obsessão do professor de inglês, principalmente do não nativo (e brasileiro), talvez por acreditar que um bom comando da língua depende fundamentalmente de um bom domínio de sua gramática. Não são assim tão raros, por exemplo, casos de professores que utilizam livros de gramática (que são livros de referência por natureza) como livros de curso com seus alunos. Será que isso é uma boa ideia?

Curiosamente, no entanto, embora a imensa maioria dos professores declare gostar muito de gramática, há ainda diversas dúvidas e erros comuns que afligem os professores de inglês brasileiros – e, claro, também de outras nacionalidades, inclusive falantes nativos –, mesmo no que diz respeito à gramática dita básica ou intermediária. Estudamos muito pouco a gramática do inglês, e confundimos revisar ou "dar uma olhadinha" em um ponto gramatical para uma aula específica com *estudo*, o que não é a mesma coisa! "Dar uma olhadinha" antes da aula não é e jamais será suficiente para nós, profissionais do idioma.

O estudo da gramática – e com isso quero dizer o estudo regular, aprofundado, para melhorar nosso conhecimento, e não só focado em nossas aulas – é, em minha opinião, fundamental para todo profissional da língua inglesa. Não basta, por exemplo, saber que na pergunta *Who wrote this?* não se usa o auxiliar *did*, e que em *Who did you see there?* sim. Precisamos saber o porquê! Será que é verdade absoluta que não se usa o verbo *love* com -*ing*? Será mesmo que se usa *any* em frases negativas e interrogativas e *some* somente em frases afirmativas? E que jamais se usa o tal *present perfect* com *yesterday* ou outros advérbios que remetam a tempo passado? Não seria talvez injusto passarmos a nossos alunos conhecimento sobre o qual não estamos assim tão certos? Não seria uma boa ideia aprender mais e melhor sobre o assunto? (Respostas para todas essas perguntas e muitas outras no final deste capítulo).

Nesta primeira parte, discutiremos o que é gramática, sua importância para professores e alunos. No final do capítulo, veremos algumas das maiores dificuldades dos professores brasileiros de inglês nessa área, com exercícios e comentários. Lembre-se, no entanto, que a intenção deste capítulo é muito mais conscientizá-lo sobre a importância de estudar gramática e apresentar ideias quanto a como estudá-la; não há aqui a pretensão de oferecer um trabalho que apresente tudo que há de importante e desafiador na gramática da língua inglesa. Para isso, olhe com atenção a bibliografia sugerida e comentada no final do livro, e siga estudando sempre.

## O que é gramática?

Antes de ler as definições a seguir, tente primeiro responder esta questão por escrito, sem consulta. O que é gramática? Como você a definiria?

Se você fez o exercício, tenho quase certeza de que incluiu a palavra *regra* na sua definição, não é mesmo? Algo do tipo *gramática é o conjunto de regras que regem o uso do idioma*, ou algo assim (essa possivelmente teria sido minha definição). Vejamos a seguir algumas definições de dicionários e especialistas, todas com suas traduções logo ao lado.

- *The study or use of the rules about how words change their form and combine with other words to express meaning. (O estudo ou uso das regras sobre como as palavras mudam sua forma e combinam com outras palavras para expressar significado.)* – Cambridge Dictionary Online.
- *Grammar is [...] the study of what forms (or structures) are possible in a language. (Gramática é [...] o estudo de quais formas (ou estruturas) são possíveis em uma língua.)* – Scott Thornbury, em *How to Teach Grammar*.
- *Grammar is concerned with how sentences and utterances are formed. The two most basic principles of grammar are the arrangement of items (syntax) and the structure of items (morphology). (Gramática tem a ver com como frases escritas e faladas são formadas. Os dois princípios mais básicos da gramática são a ordem dos itens (sintaxe) e a estrutura dos itens (morfologia).)* – *The Cambridge Grammar of English*.

- *The rules that show how words are combined, arranged or changed to show certain kinds of meaning. (As regras que mostram como as palavras são combinadas, ordenadas ou mudadas para mostrar certos tipos de significado.)* – Michael Swan, em *Practical English Usage*.
- *Grammar refers to how we combine, organize and change parts of words, words and groups of words to make meaning. (Gramática refere-se a como combinamos, organizamos e modificamos partes de palavras, palavras e grupos de palavras para criar significado.)* – Mary Spratt *et al.*, em *The TKT Course: Modules 1, 2 and 3*.

E, para terminar, a minha favorita!

- *"Grammar" can mean any one of a number of different things*[6]. *("Gramática" pode significar um grande número de coisas diferentes.)* Scott Thornbury (novamente!), em *An A-Z of ELT*.

## Tipos de regra

Em resumo, de acordo com as diversas definições que acabamos de ver, gramática tem sim a ver com as regras que regem a língua. Essas regras descrevem: que ordens de palavras são possíveis no idioma (por exemplo, dizemos *She has green eyes*, não *She has eyes green*, ou *has eyes green she*); que mudanças fazemos a palavras em determinadas situações (como em *I like books very much*, mas *She likes books very much*); as diversas classes de palavras (adjetivos, advérbios, substantivos etc.), já estudadas no capítulo 1; tipos de *phrases* e *clauses*, e muito mais.

De acordo com *The Cambridge Grammar of English*, no entanto, nem todas as regras gramaticais são do mesmo tipo. Há regras determinísticas, que são aquelas que sempre se aplicam, e há regras probabilísticas, que são mais ou menos prováveis de se aplicar, dependendo do contexto.

Um exemplo de regra determinística é a que diz que o artigo definido em inglês sempre ocorre antes do substantivo (*the classroom*, nunca *classroom*

---

[6] Thornbury, depois dessa introdução, trabalha diferentes formas de pensarmos em gramática, e vamos discutir algumas delas a seguir.

*the*), ou que um verbo lexical na terceira pessoa do singular no indicativo sempre terminará em "s" (*walks, has, studies, watches* etc.). Já uma regra probabilística, por exemplo, é a que diz que jamais podemos omitir o sujeito em uma frase em inglês. Embora isso seja verdade na esmagadora maioria dos casos (é, portanto, provável que sempre tenhamos o sujeito da frase explícito nela), na fala informal – e mesmo na escrita informal, como em mensagens de texto –, muitas vezes dizemos algo como *Think so?*, ou *Did it all on my own!*, ou ainda *Reading anything good at the moment?*, sem colocarmos o sujeito, o que é perfeitamente aceitável e correto.

Uma maneira de diferenciarmos um tipo de regra do outro é pensar se ao nos desviarmos um pouco dela soaremos "errado". Não usar o "s" final da terceira pessoa do singular no indicativo sempre soará "errado", ainda que perfeitamente compreensível, como em *She watch movies every weekend*; já omitir o sujeito num contexto de fala informal, ou em uma mensagem de texto, como em *Need to talk to you asap*, soa absolutamente natural. Entender e ajudar nossos alunos a compreender isto – que regras nem sempre são absolutas, ou que não o são em todos os contextos – não é tarefa fácil, mas é fundamental. Precisamos compreender e descrever para nossos alunos o inglês que existe, não o que *deveria* ou *poderia* existir.

## "Três gramáticas"

Em seu livro *An A-Z of ELT*, citado no início deste capítulo e que é um dicionário de termos e conceitos comumente usados no ensino de inglês, Scott Thornbury nos fala, como sugerido anteriormente, em várias formas de olhar para o conceito de gramática. Analisaremos agora três dessas formas.

A primeira delas é aquela que empregamos, por exemplo, quando ouvimos uma música com algum desvio gramatical, ou quando escutamos um aluno (ou colega?) dizer ou escrever algo de maneira gramaticalmente imperfeita, e dizemos ou pensamos *isso não pode, isso está errado,* ou *que horror!* Quando pensamos em termos de *deve ser assim, não pode falar desta forma, certo, errado, bom, ruim, feio* etc., estamos pensando em gramática *prescritiva*.

A gramática prescritiva é muito comum em guias de estilo, manuais de escrita, *course books* e livros de gramática; publicações dedicadas a nos dizer como devemos escrever e falar, e o que podemos ou não fazer com o idioma. De acordo com Thornbury, os padrões utilizados são sempre aqueles de um grupo privilegiado social e culturalmente, e o termo *gramática* é comumente utilizado em termos avaliativos, qualitativos. *It's bad to say "between you and I"*, ele exemplifica: o *correto*, ao analisarmos a frase de maneira prescritiva, seria dizer *"between you and me"*. Na opinião de Thornbury – à qual voltarei logo mais em minhas considerações – essa não deve ser nossa visão de gramática quando pensamos nela no contexto do ensino de inglês.

Uma segunda forma de pensar a ideia de gramática é aquela em que nos limitamos simplesmente a descrever o que efetivamente acontece no uso do idioma; em outras palavras, uma abordagem *descritiva*. Em inglês, Thornbury contrasta assim esses dois olhares: *If a prescriptive grammar is about how people should speak, a descriptive one is about how people do speak.* Livremente traduzindo, ele diz que *se uma gramática prescritiva é sobre como as pessoas* deveriam *falar, uma descritiva é sobre como as pessoas* realmente *falam*.

Uma gramática descritiva faz afirmações baseadas em observações do uso real do idioma por seus falantes, por exemplo analisando *corpora* (sobre o que falamos no capítulo anterior). A já citada – e monumental – *Cambridge Grammar of English* faz uso do *Cambridge international corpus* para análise e descrição da língua, inclusive prometendo em sua capa *real English guarantee*! Na página 654, por exemplo, para exemplificar o uso de *should* no contexto de *thanking*, usa como exemplo a seguinte frase de um e-mail real:

» [email message after the receipt of a gift CD]
*Thanks so much for the CD. You really shouldn't have.*

Ao usar esse tipo de exemplo, não apenas para exemplificar mas também para dizer que determinado uso existe e é apropriado em inglês, o referido livro trata a gramática de maneira descritiva.

Uma terceira forma de considerarmos a gramática, ainda segundo Thornbury, é a maneira *pedagógica*. É, de acordo com o autor, uma gramática descritiva desenvolvida para fins de ensino e aprendizado. Ela é mais seletiva do que uma gramática para linguistas, e, embora não seja prescritiva, provavelmente utilizará como padrão uma forma culta do idioma, excluindo usos que não são considerados padrão, ainda que sejam utilizados frequentemente por um grande número de falantes nativos. Um exemplo de estrutura que muito provavelmente não fará parte de uma gramática pedagógica é *Me and my sister went shopping* ou *I ain't got none*, que respectivamente deveriam ser (pensando de maneira mais "culta", mais "prescritiva"), *My sister and I went shopping* e *I don't have any* ou *I have none*. Essas formas acontecem, mas não farão parte de uma gramática pedagógica.

Diria que minha abordagem da gramática da língua inglesa, para este livro, é muito parecida a este terceiro tipo definido por Thornbury, a gramática pedagógica; sempre, contudo, baseada em uso real do inglês, ainda que nem todos os exemplos venham de fontes autênticas.

## Considerações sobre as três gramáticas

Independentemente de qual for a, digamos, *linha gramatical* de um professor de inglês – isto é, se tem preferência por uma abordagem mais prescritiva, descritiva ou pedagógica, se a ensina utilizando terminologia gramatical ou não etc. –, é fundamental que ele conheça a gramática da língua em profundidade, que conheça suas diversas facetas.

Se considerarmos, como fizemos no capítulo anterior com vocabulário, os possíveis *registers* do uso da língua, notaremos que há várias situações em que precisaremos usar noções gramaticais prescritivas, de acordo com as quais será necessário que pensemos em termos de certo e errado. Entre exemplos possíveis dessas situações, podemos citar: ao escrevermos, por exemplo, um artigo acadêmico ou um e-mail profissional; ao falarmos em uma entrevista de emprego para um cargo de ensino; ao participarmos de reuniões formais em inglês etc. Em resumo, há casos em que apenas ser *comunicativo* não é o suficiente; será necessário, também, falar e escrever com absoluta correção, como manda a gramática prescritiva.

Se, no entanto, o contexto for informal ou neutro, como em uma troca de e-mails ou mensagens de texto entre amigos, ou uma conversa com colegas de trabalho no dia a dia, certamente a necessidade de observar todas as regras da língua de maneira absoluta será menor. Nas palavras do professor e gramático brasileiro Evanildo Bechara, precisamos ser poliglotas em nossa própria língua, o que significa que precisamos saber usá-la em diversos contextos, com diferentes registros. Isso vale também, é claro, para o inglês.

**Importante:** *gramática da fala* x *gramática da escrita* x *diferentes registros*

Imagine você em um primeiro encontro, com uma moça chamada Charlotte (numa singela homenagem à nova princesa de Cambridge, nascida recentemente). Como o encontro foi armado por amigos em comum, é a primeira vez que você vê Charlotte, de modo que quer causar uma boa impressão. Você chega primeiro ao restaurante, e assim que Charlotte chega e sorri, você se levanta e diz:

> *Dear Charlotte, first and foremost, I thank you profusely for agreeing to see me at such short notice. Much as I would have completely understood it if you had not been able to meet me – due to being otherwise engaged or even if merely on account of not being at all interested – it was with great joy that I received the news of your having agreed to have dinner with me. I sincerely hope this night will meet all of your expectations, but please do not hesitate to inform me should anything not go according to your plans. Yours sincerely.*

Ou, ainda, imagine você, ao ouvir sobre uma grande oportunidade de emprego na escola dos seus sonhos, mandando um e-mail para a responsável pelo processo de seleção – coincidentemente chamada Charlotte Cambridge – sobre seu interesse na vaga.

> *Hiya, Charlotte, A friend in common's just WhatsApped me that your school's in dire need of a new English teacher! I was so happy I nearly wept, no kidding! Listen, seriously now, I really dig working with the little ones and you can bet your bottom dollar you won't regret it if you give me a chance. I'll work around the clock, day in day out for the opportunity to work with you guys! Give me a chance? Pleeeease! Drop a line soon (saying yes!). J xxxxx*

> Gracinhas à parte, de nada adianta boa gramática se não entendemos os diversos contextos dentro dos quais o idioma é usado. Embora seja vital que saibamos, como professores, como as regras gramaticais que regem o uso do inglês funcionam, é também fundamental que percebamos os diferentes registros e, igualmente importante, que conscientizemos nossos alunos a respeito.

No artigo do gramático Michael Swan citado no início deste capítulo, as duas boas razões para ensinar gramática das quais ele fala no título são: *communicability* (comunicabilidade) e *acceptability* (aceitabilidade). Precisamos ser entendidos, é claro; precisamos também, no entanto, ser aceitos socialmente e, em nosso caso como professores, profissionalmente. Sempre me pareceu que uma das razões pelas quais alunos (e consequentemente escolas) por vezes preferem professores *nativos* a *não nativos* é o fato de que temos dificuldades com o uso da língua, às vezes muito sérias.

Precisamos, como profissionais que somos, usar a língua inglesa (com relação a gramática, mas também a vocabulário, pronúncia, registro etc.) com correção, com naturalidade, de modo a minimizar esse preconceito injustificável que sofremos como falantes não nativos de inglês.

Vamos estudar gramática, então.

## Gramática: aspectos importantes

Começaremos nossos estudos de gramática falando do que normalmente chamamos de *verb tenses* (tempos verbais) em inglês. Recomendo também, no entanto, que você pesquise as relações entre *time*, *tense* e *aspect*, sobre as quais não vamos nos debruçar aqui, mas que podem ajudá-lo a compreender melhor os *verb tenses* que vamos discutir a seguir.

### The 12 verb tenses (os 12 tempos verbais)

Combinando *time* (tempo) e *aspect (aspecto)*, costumamos dizer pedagogicamente que temos *12 verb tenses* (tempos verbais) em inglês. Os três *times* são: *past, present* e *future*; e temos quatro *aspects*: *simple* (simples), *continuous* ou *progressive* (contínuo ou progressivo), *perfect* (perfeito), e a combinação dos dois últimos, o *perfect continuous* (perfeito contínuo). Veja-os no quadro em exemplos bem simples:

| aspect / time | simple | continuous | perfect | perfect continuous |
|---|---|---|---|---|
| past | I worked a lot yesterday. / She didn't work last week. | I was taking a shower when the phone rang. | She had already left home when he arrived. | When I got home, she had been sleeping for hours. |
| present | She goes to school every day. / They don't like soap operas. | We're studying English together now. | I've seen all his movies. He's my favorite director. | I've been teaching English for 17 years. |
| future | I'll see a movie tomorrow. / She's going to wake up late tomorrow. | She'll be driving at that time, so don't call her. | By the end of this year, I'll have finished my French course. | By next January, she'll have been working there for 5 years. |

Agora vamos discuti-los um a um; com maior ênfase, é claro, naqueles que apresentam dificuldades para o professor brasileiro de inglês: *present perfect* e *futurity* em geral.

## *The four past tenses* (Os quatro tempos passados)

**PAST SIMPLE**

Usamos o *past simple* (também chamado de *simple past*) para falar de eventos e ações que aconteceram em um tempo definido no passado, já terminado e sem relação com presente.

Nas frases do quadro de exemplos, temos:

» *I worked a lot yesterday.* (Trabalhei muito ontem.)
» *She didn't work last week.* (Ela não trabalhou na semana passada.)

Em ambos os casos, as ações aconteceram em tempos já terminados (*yesterday* e *last week*), e já não têm ligação aparente com o presente.

O *simple past* também é usado para falar de hábitos (*habits*) e estados (*states*) no passado, como em:

» *I played soccer with my friends every day when I was a kid.* (Eu jogava futebol com meus amigos todos os dias quando era criança.) – habit
» *When I was a kid, I didn't like reading at all.* (Quando eu era criança, não gostava nem um pouco de ler.) – state

### PAST CONTINUOUS OU PAST PROGRESSIVE

O *past continuous/progressive* se refere a ações que *estavam acontecendo* em um momento definido no passado. Elas geralmente são interrompidas por alguma outra ação, mais curta. Observe novamente o exemplo do quadro.

» *I was taking a shower when the phone rang.* (Estava tomando banho quando o telefone tocou.)

A ação mais longa, *taking a shower*, estava acontecendo no exato momento em que o telefone tocou e a interrompeu.

Outro exemplo do mesmo uso, este do livro *Diary of a Wimpy Kid: Dog Days*, de Jeff Kinney, mostra o *present continuous* em uso para algo acontecendo em um momento específico no passado. O narrador da história, o garoto Greg Heffley, acaba de ser encontrado pelo pai fazendo o que não devia – o que não é nenhuma novidade para ele.

» *When dad found us in the morning, it wasn't a pretty scene. Dad wanted to know what was going on, and I had to fess up.*

O pai de Greg, ao encontrá-lo em uma situação da qual ele não tinha como se sair com uma mentira, queria saber o que *estava acontecendo*, e ele teve de confessar.

**PAST PERFECT**

Este talvez seja o único dos *perfect tenses* em inglês que é realmente fácil para falantes de português, ao menos de entender. Isso ocorre porque este *verb tense* é formado exatamente da mesma forma que em português, e tem exatamente o mesmo uso e a mesma tradução.

Usamos o *past perfect* para falar de algo que ocorreu antes de outro momento no passado. Em outras palavras, temos sempre dois momentos no passado, um acontecendo antes do outro. O evento mais distante do presente é o que será descrito pelo *past perfect*. Observe:

» She *had already left* home when he arrived. (Ela já havia saído de casa quando ele chegou.)

A *time line* (linha do tempo) nos ajuda a entender a sequência dos eventos:

» she left home            he arrived            now

Como ela saiu de casa antes de ele chegar, é essa a ação que recebe o *past perfect*.

Veja agora outro exemplo, uma citação do consagrado autor britânico Roald Dahl – um de meus autores favoritos – em seu cultuado livro *Matilda*.

» All the reading she *had done* had given her a view of life that they had never seen. (Toda a leitura que ela tinha "feito" havia lhe dado uma visão da vida que eles nunca tinham visto.)

É comum dizer que o *past perfect* é o *past of the past*, ou passado do passado.

*PAST PERFECT CONTINUOUS*

Ao contrário do que disse sobre o *past perfect*, o *past perfect continuous* não é nada fácil para o falante brasileiro de inglês. É um *verb tense* que "não existe" em português, com o que quero dizer que não expressamos a ideia que ele transmite da mesma forma em nossa língua. Considere o exemplo retirado do quadro:

» *When I got home, she had been sleeping for hours. (Quando cheguei em casa, ela estava dormindo há horas.)*

Agora considere este próximo exemplo e traduza-o para o português:

» *When I got home, she was sleeping.*

Você certamente percebeu que a tradução é, novamente, *ela estava dormindo*. Qual é, então, a diferença?

A diferença é que o *past perfect continuous* é usado para falar de uma situação ou atividade que estava acontecendo *até* um certo momento no passado; ou seja, na frase *She had been sleeping for hours*, a ideia é que ela tinha ido dormir horas antes de eu chegar, e que portanto estava dormindo *há horas*. Não estou aí falando apenas do momento em que cheguei, mas do período que começou antes de eu chegar e continuou até minha chegada.

Outro exemplo:

» *She'd been living in a really rough neighborhood when she moved in with her boyfriend. (Ela estava morando numa área bastante violenta da cidade quando ela foi morar com o namorado dela.)*

Novamente, você percebe que o foco do *past perfect continuous* é no fato de que a primeira ação (*she had been living*) aconteceu por algum tempo até a seguinte ocorrer (*she moved in with her boyfriend*). Mesmo a frase não dizendo quanto tempo exatamente ela morou nesse bairro violento, ela certamente não se refere apenas ao momento em que foi morar com o namorado.

Quando nos referimos a este tempo decorrido até um outro momento no passado, usamos o *past perfect continuous*.

## *The four present tenses* (Os quatro tempos presentes)

#### PRESENT SIMPLE
O *present simple*, também conhecido como *simple present*, tem várias funções. Comecemos pelo exemplos iniciais.

» *She goes to school every day.* (Ela vai à escola todos os dias.)
» *They don't like soap operas.* (Eles não gostam de novelas.)

O primeiro exemplo se refere ao que é possivelmente o uso mais comum deste *verb tense*, que é descrever hábitos, rotinas, fatos, ações ou situações que acontecem regularmente. O segundo fala de *likes* e *dislikes*, ou aquilo de que gostamos ou não gostamos, para o que também geralmente usamos o *present simple*.

Há um uso extremamente comum do *present simple* que a maior parte dos professores brasileiros não conhece, e que portanto raramente ensina ou usa. É o que se chama comumente de *historic present*, ou presente histórico.

Veja a seguir a transcrição de uma curta cena de um episódio do seriado *Friends*, na qual o personagem Chandler está contando a seus amigos um sonho (pesadelo, na verdade) que ele tem frequentemente. (Você pode assistir a cena aqui: https://www.youtube.com/watch?v=vhAzXdCmyX4 – link visitado em 1º mai. 2015)

» *All right, so I'm back in high school, and I'm standing in the middle of the cafeteria when I realize I am totally naked. Then I look down and I realize there is a phone... there. [...] All of a sudden, the phone starts to ring. Now I don't know what to do, everybody starts looking at me. [...] Finally, I figure I'd better answer it, and it turns out it's my mother, which is very, very weird because she never calls me.*

Perceba como, embora o sonho tenha acontecido muitas vezes no passado, Chandler usa apenas *simple present* em toda a sua história. O *historic present* é informal, é usado geralmente para narrar histórias – especialmente bem-humoradas, engraçadas – e seu uso do *present simple* em vez de *past tenses* adiciona certo imediatismo, certo drama às histórias. É muito comum também em português, o que você perceberá ao tentar recontar a história de Chandler em português usando apenas verbos no presente.

O *simple present* é, ainda, usado para falar do futuro, mas discutiremos esse uso quando falarmos de *futurity*, mais adiante.

### PRESENT CONTINUOUS

O *present continuous* é frequentemente usado para descrever ações que *estão ocorrendo no momento*, geralmente durante o ato de fala. É o caso do exemplo que estudamos no quadro:

» *We're studying English together now.* (Estamos estudando inglês juntos agora.)

Nessa frase, a fala e a ação que ela descreve ocorrem exatamente ao mesmo tempo. Há, no entanto, alguns outros usos comuns do *present continuous*.

» *She's living in Miami now, but she lives in São Paulo.* (Ela está morando em Miami agora, mas ela mora em São Paulo) – *temporary actions/states* (ações/estados temporários).
» *My wife's always watching horror movies on TV at night!* (Minha esposa sempre assiste filmes de terror na TV à noite!) – *complaining about annoying habits* (reclamações sobre hábitos irritantes).

Note como neste último caso, no qual o *present continuous* é usado para reclamar de hábitos irritantes, a tradução para o português não seria necessariamente "contínua", e sim "simples". Para esta função específica, geralmente usamos o *present continuous* com *always* (sempre).

Assim como com o *present simple*, o *present continuous* também pode ser usado para falar do futuro, de modo que voltaremos a ele em instantes.

## Importante: *state* e *action verbs*

McDonald's: I'm lovin' it!

Como assim? Será que, apesar de ser uma das maiores empresas do mundo, o McDonald's não tem em seu departamento de marketing alguém que saiba uma das regras mais básicas do inglês? Não se pode usar *state verbs* com *–ing*! Todo mundo sabe disso!

Certo?

Errado!

Usamos *state verbs* como *love, look, like* etc. com *–ing* para focar no fato de que a questão é temporária, como em *A friend is staying with us at the moment, and we're loving having her at home!* (Uma amiga está ficando conosco no momento, e estamos amando tê-la em casa!). Talvez o mesmo caso que o *slogan* do McDonald's?

Alguns *state verbs* são também *action verbs* com significados diferentes. Dois exemplos:

» *I think[1] you made a mistake. / I'm thinking[2] about buying a new car.* (1 - believe / 2 - consider)
» *I have[1] an old car. / I'm having lunch[2] now.* (1 - possess / 2 - have a meal – almoçar)

Há, é claro, *state verbs* que não costumamos usar com *–ing*, como *agree, believe, know* e outros, mas não são todos os *state verbs*. Duvide **sempre** de regras que usem *sempre* e *nunca* em suas descrições, pois há poucas verdades absolutas quando pensamos em gramática.

### PRESENT PERFECT

Esta é uma parte muito especial de nossa seção sobre *verb tenses*. Sugiro que você pare um pouquinho, tome uma água, respire fundo... Vai ser uma conversa longa.

Antes de mais nada, sempre digo para meus alunos(-professores) que não há **um** *present perfect*, e sim vários. Ele é usado para uma grande quantidade de diferentes funções.

- O primeiro uso que vamos analisar é o do nosso primeiro exemplo, lá no quadro no início de nossa conversa sobre *tenses*.

» *I've seen all his movies. He's my favorite director.* (Vi todos os seus filmes. Ele é meu diretor favorito)

Essa frase, que é, aliás, sobre os filmes do diretor americano Quentin Tarantino, descreve algo que ocorreu em algum momento – ou em vários momentos – na vida do falante (no caso, em minha vida), mas não diz absolutamente nada sobre *quando* isso aconteceu. Você sabe, ao ouvir a frase, que vi todos os filmes do diretor, mas não sabe *quando*. Na verdade, *quando* não tem a menor relevância para a mensagem.

Vou contar algumas outras coisas interessantes (ou nem tanto) sobre minha vida pra você.

» *I've been to the UK five times, four of which to participate in IATEFL conferences.* (Fui ao Reino Unido cinco vezes...)
» *I've had one very serious car accident in my life, but I was lucky and didn't get seriously hurt.* (Tive um acidente de carro sério em minha vida...)
» *I've read almost every book by the American novelist Harlan Coben; I've read all by Jonathan Tropper and, shamefully, I haven't read any by Ian McEwan, although I've bought many of his books.* (Li quase todos os livros...; li todos os livros...; Não li nenhum...; comprei vários de seus livros.)
» *I've never written a book before. This one you have in your hands is the very first one.* (Nunca escrevi um livro antes...)

Em todos os casos, estou dividindo experiências que tive, ou não tive; e em todos os casos, o *quando* não é mencionado por não fazer a menor diferença. No entanto, preste atenção ao fato de que se traduzirmos *I've read almost every book by Harlan Coben* para o português, teremos *Eu li quase todos os livros de Harlan Coben*, que é examente a mesma tradução de *I read almost every book by Harlan Coben during my last holidays*, exceto, é claro, pelo final. E esse final, por definir quando se deu a ação, faz toda a diferença.

**Atenção:** O fato de na maior parte das vezes as traduções para o português do *present perfect* e do *simple past* serem iguais **não** significa de forma alguma que se trate do mesmo tempo verbal.

Ficou claro? Em resumo, um uso possível do *present perfect* é quando queremos falar de experiências que tivemos, de coisas que aconteceram em nossas vidas, sem focar em quando elas ocorreram. É um "passado sem quando", às vezes chamado de *experiential perfect*.

Mais três exemplos desse uso:

» *Daniel Day-Lewis and Meryl Streep have won three Oscars each.*
» *Rogério Ceni, the best goalkeeper in soccer history, has scored nearly 150 goals.*
» *Have you ever seen any Hitchcock movies?*

Outra questão importante relacionada a esse uso do *present perfect* é que estamos falando de pessoas vivas, ativas, com vidas e carreiras em andamento. Daniel Day-Lewis e Meryl Streep ganharam três Oscars cada, e têm tudo para ganhar vários outros. Rogério Ceni, em maio de 2015, segue jogando futebol e marcando gols. Você, a quem pergunto neste momento se viu algum filme de Alfred Hitchcock, está vivo (viva!), e, se por acaso não tiver visto nenhum de seus filmes, ainda tem muito tempo, e pode dizer, portanto, *I haven't seen any of his movies yet, but I will.* (Mais sobre *yet* será dito mais adiante.)

Em contraste, *Pelé scored 1285 goals in his career*, pois já encerrou a carreira e não fará mais gols oficiais. Embora a tradução de *has scored* e *scored* para o português seja a mesma (*marcou*), em inglês as ideias são bastante diferentes, pois a primeira se refere a uma realidade que ainda pode ser mudada (*present perfect*), e a segunda a algo já terminado (*simple past*).

• Outro uso importante do *present perfect*, que parece justificar o fato de ele ser um *present tense*, não *past*, é exemplificado nestas frases a seguir:

» *I've lost my keys and now I can't get into my house.* (Perdi minhas chaves e agora não consigo entrar em casa.)

» *She hasn't studied at all for this test, so I don't think she'll come to class today.* (Ela não estudou nada para esta prova, então acho que ela não virá para a aula hoje.)

Nesses casos que acabamos de ver, você percebe que uma ação ocorrida em algum momento no passado (novamente sem *quando*) tem impacto direto no presente. Na primeira frase, ter perdido a chave faz com que *agora* eu não consiga entrar em casa. Na segunda, o fato de ela não ter estudado para a prova pode resultar em sua falta à aula *hoje*. É o "passado sem quando" com resultado no presente. Esse uso pode ser chamado de *perfect of result* (perfeito de resultado).

- Mais um uso importante do *present perfect* é aquele por meio do qual descrevemos *estados* que começaram em algum ponto do passado e que continuam até o presente, também chamado de *perfect of persistent situation* (perfeito de situação persistente). Veja os seguintes exemplos:

» *They've known each other for 13 years. They've been married for 8 years, since 2007.* (Eles se conhecem há 13 anos. Eles são casados há 8 anos...)
» *How long have you been a teacher?* (Há quanto tempo você é professor[a]?)
» *It's been chilly in São Paulo for the past couple of weeks.* (Está um pouco frio em São Paulo nas duas últimas semanas.)

Veja que nos casos que acabei de apresentar não estamos falando de ações, e sim de *estados* como *conhecer* e *ser/estar*. A tradução para o português desse uso do *present perfect* é realmente *present*, o que nos ajuda a entender, novamente, o porquê de o *present perfect* ser um tempo **presente**, e não passado.

- O *present perfect* é também usado simplesmente para indicar *recentness*, ou seja, que algo aconteceu em algum ponto bastante recente do passado. Talvez este seja o sentido mais *past* do *present perfect*, mas que também usamos sem tempo definido ou terminado, ou seja, sem *quando*. É comum usarmos o advérbio *just* nesses casos.

» *She's just found out her best friend is in hospital.* (Ela acaba de descobrir que seu melhor amigo está no hospital.)
» *Chelsea has just won the Premier League.* (O Chelsea acaba de ganhar o campeonato inglês de futebol.)

Esses usos que acabamos de ver podem ser chamados de *perfect of recent past* (perfeito de passado recente).

Finalmente, usamos o *present perfect* com vários outros *time adverbials* que se referem a tempo indefinido e/ou não terminado, tais como *recently*, *today*, *this morning* (se ainda for manhã), *this year*, *already*, *yet* etc., cada um adicionando algum significo específico à estrutura. Alguns exemplos a seguir.

» *I haven't worked out much recently.* (Não fiz muito exercício recentemente. – E sigo não fazendo.)
» *She hasn't had anything to eat today, and it's almost noon!* (Ela não comeu nada hoje, e já é quase meio-dia! – O dia não acabou.)
» *The printer's broken down three times this morning!* (A impressora quebrou três vezes esta manhã. – E ainda é de manhã.)
» *I've already done all of this week's work. I can relax now.* (Já fiz todo o trabalho desta semana. Agora posso relaxar. – Usamos para dizer que algo aconteceu antes do esperado, rapidamente.)
» *She hasn't seen all the Star Wars movies yet, but she wants to.* (Ela não viu todos os filmes Star Wars ainda, mas ela quer vê-los. – Usamos para dizer que embora algo ainda não tenha acontecido, possivelmente vai.)

Recapitulando, então, estudamos quatro usos bastante comuns do *present perfect* nesta parte. Foram eles: *experiential perfect (I've seen all his movies)*; *perfect of result (I've lost my keys and can't get into my house)*; *perfect of persistent situation (They've known each other for 13 years)*; e *perfect of recent past*[7] *(She's just found out her best friend is in hospital)*. Além desses quatro, vimos também que a estrutura é

---

7   Esses quatro termos (*experiential perfect*; *perfect of result*; *perfect of persistent situation*; *perfect of recent past*) utilizados para descrever os usos do *present perfect* são do livro *About Language*, de (é claro!), Scott Thornbury (1997).

utilizada com uma grande quantidade de *time adverbials*, todos se referindo a tempo indefinido ou não terminado, como *recently, today, this morning, already, yet* etc.

Agora é com você. Siga estudando, faça exercícios (você encontrará alguns no final do livro, na parte de *verb tenses*), preste atenção ao uso dessa estrutura em filmes, séries, músicas, textos, livros etc. Tente sempre justificar os usos que encontrar, faça anotações a respeito etc. O *present perfect* não é um *verb tense* difícil, é apenas *mais* difícil de organizar na cabeça por ter muitos usos diferentes.

> **Importante:** *Present perfect*
>
> Dois pontos importantes que causam problemas para professores de inglês com o *present perfect*.
>
> - *Auxiliary verbs* são geralmente contraídos na fala em inglês, e *have* e *has* não são exceções. Com o *present perfect*, eles geralmente serão contraídos para *'ve* e *'s*, principalmente na fala e escrita informal. Tente sempre pronunciá-los de forma contraída, e ajude seus alunos a fazerem o mesmo.
> - Há diferenças importantes no uso do *present perfect* nas diferentes variedades da língua inglesa, como britânica e americana. Com relação ao *perfect of recent past*, por exemplo, é muito comum em inglês americano (AmE) que o *simple past* seja usado em seu lugar, como em *I just saw a great movie*, enquanto britânicos – e isto é, claro, uma generalização – tendem a dizer *I've just seen a great movie*. Acontece também, em AmE, de ouvirmos *Did you ever go to Paris?* ou *I already did all that*. Antes de apressadamente dizer que os americanos erram, no entanto, pense em nossas discussões anteriores de *register*, e pense também que a língua é um organismo vivo, que muda e se desenvolve. Lembre-se ainda de que, apesar da "super conectividade" de hoje em dia, os EUA e o Reino Unido estão separados por um oceano, de modo que certamente haverá (e há!) diferenças de uso. Em minha opinião, no entanto, esta diferença específica no uso do *Present Perfect* ocorre principalmente no registro mais informal, sendo bem menos frequente em escrita (e fala) em contextos mais formais. Chame a atenção de seus alunos para isso.

***PRESENT PERFECT CONTINUOUS***

O *present perfect continuous*, embora também não tenha uma tradução, digamos, literal para o português, é bem mais simples de compreender e usar do que o *present perfect*.

Usamos essa estrutura quando falamos de ações que começaram no passado e continuam no presente. Veja o exemplo:

» *I've been teaching English for 17 years. (Ensino inglês há 17 anos.)*

De acordo com a frase (e com a realidade dos fatos), comecei a dar aulas de inglês há 17 anos, e sigo fazendo-o. Como se trata de uma ação, a de ensinar, utilizamos o *present perfect continuous*. Compare com o próximo caso, que estudamos durante nossa discussão de *present perfect*:

» *They've known each other for 13 years. (Eles se conhecem há 13 anos.)*

Nesse exemplo, embora também se trate de algo que começou no passado e que continua no presente, não estamos falando de uma ação, e sim de um *estado*, de modo que não utilizamos a forma contínua do *present perfect* – ou seja, **não** usamos *They've been knowing each other for 13 years*.

Outros exemplos de *present perfect continuous*:

» *They've been working together for nearly a decade. They're a great team! (Eles estão trabalhando juntos há quase uma década. Eles são um grande time!)*
» *How long have you been reading this book? (Há quanto tempo você está lendo este livro?)*
» *She hasn't been paying attention to classes recently. There must be something wrong with her. (Ela não anda prestando atenção às aulas ultimamente. Deve ter algo errado com ela.)*

Você deve ter percebido que a tradução do *present perfect continuous* é a "mesma", pensando em português, que a do *present continuous*. Mas a regra é clara, Arnaldo! A diferença também.

» *They've been working together for nearly a decade.* (Eles estão trabalhando juntos há quase uma década.)
» *They're working together now, but they don't really like each other much.* (Eles estão trabalhando juntos agora, mas eles na verdade não se gostam muito.)

Embora traduzamos *'ve been working* e *'re working* para o português da mesma forma, note nas frases que os contextos são completamente diferentes. A primeira frase fala de *há quanto tempo* eles trabalham juntos, enquanto a segunda fala apenas do fato de eles estarem trabalhando juntos *agora*. Iguais em português, completamente diferentes em inglês.

## *Futurity*

Por uma questão conceitual, não vou usar nesta introdução ao uso do futuro em inglês o título que você provavelmente esperava: *the four future tenses*. Explico a razão para isso.

Você deve se lembrar que, lá no início da nossa conversa sobre *verb tenses*, eu recomendei que você lesse um pouquinho sobre *time*, *tense* e *aspect*. Pois bem, não querendo me alongar muito, estritamente falando a língua inglesa não tem um *future tense*, apenas *past* e *present*. Como assim?!

Ao ver a forma verbal *worked*, por exemplo, você imediatamente percebe que se trata de um *past tense*; o mesmo ocorre quando você vê a forma *works*, que você facilmente reconhece como um *present tense*. Pense agora, com uma palavra só (isto é, sem usar *will*), em um verbo em inglês em seu *future tense*.

Conseguiu?

Não, não conseguiu. E não conseguiu porque não há uma *inflection* (flexão) em inglês para formar futuro, como há em português, por exemplo, nestas diferentes formas do verbo *fazer*: *farei, fará, faremos*. Falamos sobre o futuro em inglês usando uma variedade de formas, mas nenhuma delas realmente com *future tenses*.

Como disse no início deste capítulo, no entanto, estamos tratando a gramática do inglês de maneira pedagógica aqui, e o uso dos seguintes quatro *future verb tenses* é amplamente disseminado nos estudos de inglês. Então vamos a eles.

**FUTURE SIMPLE**

O que chamamos de *future simple* é, geralmente, um futuro formado com o verbo modal *will* ou com a estrutura *be going to*. Pense em *be going to*[8] como uma coisa só, como *uma* estrutura que usamos para falar de futuro, e não como uma forma do verbo *go*. De acordo com grande parte das gramáticas da língua inglesa, usamos:

- *Will* para descrever *decisões feitas no momento da fala*, *previsões* que não são baseadas em evidências no presente, *promessas* e *ofertas* (*promises* and *offers*), entre outros.
- *Going to* principalmente para falar de *planos* ou *intenções* (ou seja, não são decisões feitas no momento da fala), e *previsões* especialmente quando a causa do evento é evidente.

Alguns exemplos:

» *It's her birthday today?! I think I'll buy her a book then.* (decision made at the moment of speaking)
» *It'll be difficult to convince her to come with us.* (prediction)
» *I'll be there on time, don't worry. / I'll help you with your bags.* (promise / offer)
» *Look at that gray sky! I think it's going to rain.* (prediction based on evidence)
» *We're going to visit Asia next January. At least that's the plan.* (plans, intentions)

Nas quatro primeiras frases, geralmente usamos *will*. Na primeira, fico sabendo que é aniversário de uma amiga e penso: *Vou comprar um presente pra ela*. Na segunda, prevejo que vai ser difícil convencer certa amiga a ir a uma festa com um grupo de amigos. Nas últimas duas, respectivamente prometo comparecer a um compromisso e ofereço ajudar uma vizinha com suas compras.

---

8    *Be going to* também é descrito como um *semi-modal* ou *semi-auxiliary*. Dependendo do seu humor, você também pode chamá-lo carinhosamente de *periphratic modal*, ou *lexical modal*, ou zzzzz...

Nas últimas duas sentenças, os contextos pedem, gramaticalmente, que usemos *be going to*. Na quinta frase, ao ver o céu cinza, deduzo, baseado nessa *evidência*, que vai chover. Por fim, na última frase, discuto um plano de viajar para a Ásia no próximo mês de janeiro.

> **Importante: *will* e *be going to*: completamente diferentes?**
>
> Embora a distinção entre *will* e *be going to* seja discutida longamente em salas de aula por todo o país, ela talvez não seja sempre usada na "vida real" de acordo com as tão difundidas regrinhas gramaticais que foram aqui discutidas, mesmo por falantes proficientes e nativos. Recomendo, portanto, duas excelentes leituras sobre o tema.
>
> A primeira é um artigo no blog do Luiz Otávio Barros, chamado "Will and going to: why split hairs?" (http://www.luizotaviobarros.com/2011/01/will-and-going-to.html) Nele, Luiz usa vídeos da série *The Big Bang Theory* para demonstrar que talvez a conversa toda seja meio exagerada.
>
> A segunda leitura é um artigo escrito por (adivinha só!) Scott Thornbury para o site *One Stop English*, em que ele sugere abordagens para o ensino de *will* e *be going to*. Uma das abordagens possíveis? "Ignore it completely, specially at lower levels", ele diz ("*Ignore completamente, especialmente em níveis mais baixos*"). Vale muito a pena! (http://bit.ly/1OXGLmE – reduzi um pouco o link para facilitar a digitação.)

### ALÉM DE *WILL* E *BE GOING TO*

Embora não sejam comumente associadas com o que estamos aqui chamando de *future simple*, veremos agora três outras formas comuns de falar do futuro em inglês: com *present continuous*, com *simple present* e com verbos modais (*modal verbs*).

- Usamos o *present continuous* para falar de compromissos, ou *arrangements*, no futuro. Eles têm geralmente uma hora e lugar para acontecer, e costumam envolver outras pessoas. Em outras palavras, estamos falando de um evento no futuro cujos detalhes foram planejados, combinados. Veja os exemplos:

» *I'm seeing the dentist next Tuesday, so I can't come to class.* (Vou ao dentista na próxima terça, então não posso vir à aula.) – Marquei a consulta para um dia e horário específicos, e o profissional estará me esperando.

» *Rod Stewart is playing in Brazil on September 19, 2015.* (Rod Stewart tocará/vai tocar no Brasil em 12 de setembro de 2015.) – Data e horário marcados, ingressos à venda, milhares de pessoas envolvidas – eu, inclusive.

- Usamos *simple present* com relação ao futuro quando estamos falando de eventos baseados em *timetables* (grades de horário), programas e calendários. Observe:

» *I'm traveling on the 15. The plane leaves at 9 in the morning.* (Vou viajar no dia 15. O avião sai às 9 da manhã.) – O horário do avião, que é fixo, que faz parte da grade de horários da companhia aérea, leva *simple present*, e não *will*, *going to* etc.

» *The movie we're seeing[9] starts at 8, don't be late.* (O filme que vamos ver começa às 8, não se atrase.) – Também para o horário do cinema, que é fixo, usamos *simple present*.

- Todos os *modal verbs* puros, por assim dizer (*can, could, may, might, must, shall, should, will* e *would*), podem ser usados para falar do futuro em inglês, geralmente associados a diferentes níveis de *probabilidade* e *possibilidade*. Veja os exemplos a seguir.

» *I can go to the party tomorrow (but I don't know if I want to).*
» *I could go to the party tomorrow (but I've been working so much I think I'll stay home).*
» *I may/might go to the party tomorrow (I'm not sure yet).*
» *I shall go to the party tomorrow (as I really like Charlotte and she'll be sad if I don't).*
» *I should go to the party tomorrow (if everything goes according to plan at work).*

---

9   Perceba que as formas *I'm traveling* e *we're seeing* nesses exemplos referem-se, como nos exemplos do ponto anterior, a *arrangements*, e portanto levam *present continuous*.

» *I will go to the party tomorrow. (It's going to be great!)*
» *I would go to the party tomorrow (if she invited me).*
» *I must go to the party tomorrow. (It's my boss's party, and I'll have problems if I don't go).*

Mais sobre *modal verbs* na seção sobre *modality*, mais adiante neste capítulo.

### FUTURE CONTINUOUS

O *future continuous* é aquele que utilizamos para falar sobre algo que *estará acontecendo* num momento específico no futuro. Por exemplo:

» *I can't participate in the training course tomorrow as I'm going to be teaching from 2 to 3.* (Não posso participar do treinamento amanhã, pois estarei dando aula das 2 às 3.)
» *This time next week, I'll be reading a book by the beach in Cancún.* (A esta hora na semana que vem, estarei lendo um livro na praia em Cancún.)

Perceba como podemos usar tanto *will + be + verb-ing* (como no primeiro exemplo) quanto *be going to + be + verb-ing* (como no segundo exemplo). As diferenças – ou semelhanças – são as mesmas que estudamos anteriormente quando falamos de *will* e *be going to*.

Agora, para descontrair, um mito engraçado sobre o *future continuous*. Na verdade, pode até não ser mito.

Acredito que todos já ouviram alguém, em português, usar o tal *gerundismo*, que é aquela mania de dizer que *vai estar fazendo* alguma coisa – muito comum em São Paulo. É um tal de *vou estar falando* pra cá, *vou estar pensando* pra lá! A questão é que, dizem (não sei bem quem, na verdade, mas dizem!), isso é culpa do inglês. O mito/história/fofoca é que, como em inglês podemos usar o *future continuous* como uma alternativa mais formal ao *future simple*, manuais antigos de telemarketing foram mal traduzidos para o português e inundaram nosso idioma de gerúndios. Por exemplo, imagine um manual de telemarketing com o seguinte exemplo:

» *I'll be checking that possibility, sir, and I'll be getting back to you as soon as I have an answer.* (Vou checar/"estar checando" esta possibilidade, senhor, e entrarei/ "estarei entrando" em contato com o senhor assim que tiver uma resposta.)

Embora isso provavelmente não seja verdade, é uma história engraçada de qualquer forma. E que serve para ilustrar que, em inglês, o *future continuous* pode mesmo ser uma alternativa mais *polida* ao *future simple* (o que não signifa, é claro, que *will* não seja educado). Veja este exemplo retirado da novíssima quarta edição do livro *Language Practice for Advanced*, de Michael Vince (Macmillan, 2014).

» *Will you be going to the shops later? If you go, could you get me some milk?* (Você vai fazer compras mais tarde? Se você for, pode(ria) comprar um pouco de leite para mim?)

Além do uso do *future continuous* como alternativa ao *future simple*, vemos ainda, na segunda parte da frase, mais um exemplo de um *modal verb* (*could*) usado para falar do futuro.

**FUTURE PERFECT**

O *future perfect* é usado em inglês para dizer que, em um dado momento no futuro, algo estará terminado, terá sido feito. É como se imaginássemos um tempo futuro e, de lá, olhássemos para o passado. Veja:

» *By the end of this year, I'll have finished my French course.* (No final deste ano, vou ter/terei terminado meu curso de francês.)
» *By the time she gets home, will we have finished preparing dinner?* (Na hora em que ela chegar em casa, teremos/vamos ter terminado de preparar o jantar?)

Outro uso possível do *future perfect* é quando fazemos certas deduções com relação ao que se fala, como em:

> *I don't think you'll have heard it, but she's unfortunately been fired. (Não acho que você já tenha ouvido, mas ela infelizmente foi demitida.)*

**FUTURE PERFECT CONTINUOUS**

O *future perfect continuous* é usado para falar da duração de algo até determinado ponto no futuro. Estude o exemplo a seguir.

> *By next January, Layne will have been working at that school for 5 years. (Em janeiro, ela estará/vai estar trabalhando naquela escola há 5 anos.)*

Imagine que estamos em maio, por exemplo, e que até aqui faz apenas quatro anos que Layne trabalha naquela escola. No próximo mês de janeiro, no entanto, ela já *terá completado* cinco anos na escola. Mais um exemplo:

> *By the end of this episode, he'll have been watching Breaking Bad for 6 hours straight! (Ao final deste episódio, ele estará assistindo Breaking Bad há 6 horas consecutivas!)*

Como você pode perceber, a tradução é a mesma que a do *future continuous*. Se considerarmos as frases *She'll have been waiting for us for hours by the time we get there* e *She'll be waiting for us when we get there*, veremos que as partes em azul de ambas as frases terão a mesma tradução: *Ela estará esperando*. A diferença é que o *future perfect continuous* fala do período de tempo que ela estará esperando (*há horas*), ao passo que o *future continuous* foca apenas no fato de que ela estará esperando no momento em que chegarmos.

**PERFECT CONTINUOUS ASPECT**

É interessante perceber que todos os *aspects* chamados *perfect continuous*, ou seja, *past perfect continuous*, *present perfect continuous* e *future perfect continuous*, têm em comum o fato de descreverem *períodos de tempo*. Veja.

> *I've been teaching English for 17 years. (Ensino inglês há 17 anos.)*

» When I started college, I had been teaching English for 2 years. *(Quando comecei a faculdade, ensinava/estava ensinando inglês há 2 anos.)*

» By the time I am 40, I'll have been teaching English for 23 years. *(Quando tiver 40 anos, estarei ensinando inglês há 23 anos.)*

---

**Importante:** *going to go*

Observe a frase a seguir:

*She's going to go to the cinema with her boyfriend next weekend.*

Essa é uma frase perfeitamente possível em inglês, gramaticalmente perfeita. Usamos nela *be going to* + *go*, da mesma maneira que usamos *be going to* + *work* em *I'm going to work next Saturday.*

No entanto, como *be going to* já tem o verbo *go* em sua formação, o verbo é às vezes omitido, mesmo quando estamos falando apenas de um plano, de um objetivo. Compare.

*My wife and I are going to the beach next week, I think. It depends on the weather.* (*Be going to* usado para falar de um *plan* para o futuro. O verbo principal *go* foi omitido.)

*My wife and I are going to the US on the 20. We're staying at the Hilton.* (Present continuous do verbo *go* para falar de um *arrangement* no futuro.)

---

## Outras formas

Além dos *12 tenses* estudados até aqui, há algumas outras formas em inglês de falarmos de *past*, *present* e *future*. Vejamos algumas delas a seguir.

### *Used to* e *would* **para hábitos no passado**

Quando eu era pequeno, por volta dos 10 anos de idade, minha mãe só deixava minha irmã sair com o namorado se eles me levassem junto. Como eu era bem pequeno e bem chato, eles costumavam ir ao shopping e me deixar no cinema, onde me davam dinheiro para um ou dois filmes e pipoca. Por conta disso, eu costumava ir ao cinema quase todas as semanas quando tinha 10 anos! E eu amava!

» *When I was 10 years old, I used to go to the cinema almost every weekend.*
» *I would watch all kinds of movies: comedies, dramas, action movies and the like.*
» *I saw movies every weekend, and my love for movies was very much responsible for my love for English.*

Nas três frases que acabamos de ver, estou falando de hábitos no passado, e uso três formas diferentes: o *semi-modal used to*, o *modal would*, e *simple past*. As três formas não só são possíveis como são intercambiáveis, o que significa que poderia ter usado *simple past*, *used to* ou *would* em qualquer uma delas.

Há casos, no entanto, em que não podemos usar *would* neste contexto. Veja os exemplos.

» *I was much thinner when I was 10 years old.*
» *I used to be much thinner when I was 10 years old.*
» *I ~~would be~~ much thinner when I was 10 years old.*

Não usamos *would* com *state verbs* como *be* e *know* quando falamos de hábito no passado. Também não usamos *would* quando a referência a *quando* não é clara, como nestes exemplos:

» *I used to play with my friends a lot.*
» *I ~~would play~~ with my friends a lot.* (não há referência a *quando*)

## *Future in the past* (**futuro do pretérito**)

O *past continuous* também pode ser usado para expressar o futuro do passado em inglês. Numa passagem diferente do livro *Diary of a Wimpy Kid: Dog Days*, do qual falamos há pouco, a mãe de Greg diz a ele que os jovens não sabem mais se divertir, só jogam *games* violentos e assistem filmes horríveis. Ele então nos conta:

» *Then mom said she was going to start a reading club for the boys in the neighborhood, so she could teach us about all the great literature we were missing out on. (Então minha mãe disse que iria iniciar um clube de leitura no bairro, pra que ela pudesse nos ensinar sobre toda a grande literatura que estávamos perdendo.)*

Porque ela achava que as crianças não sabiam se divertir, ela resolveu que *iria iniciar* um clube de leitura para os meninos do bairro. *She was going to start* refere-se a algo que, no momento do qual Greg fala, era futuro, embora para o leitor já seja passado. Veja outro exemplo:

» *I was going to see a movie with friends tonight, but I'll have to work. (Eu ia ver um filme com amigos hoje à noite, mas vou ter de trabalhar.)*

*I was going to see a movie* fala de algo que, num momento do passado (antes de o falante saber que precisaria trabalhar), era futuro.

**EXERCÍCIOS**
Faça agora os exercícios sobre *verb tenses*. Eles começam na página 180.

## Modality

Embora o número varie em diferentes gramáticas, vamos falar aqui de nove verbos modais (*modal verbs*) puros: *will, shall, would, can, could, may, might, should* e *must*. Estes têm todas as seguintes características:

- Não têm formas no passado, presente e futuro. Não têm *verb tense*.
- Não necessitam de verbos auxiliares, pois já são verbos auxiliares. Para fazer uma pergunta com *will*, por exemplo, dizemos *Will you be there tomorrow?*, e não ~~Do you will~~...
- Não possuem *inflections*, ou seja, não têm formas com *–ed, –ing, –s*. Dizemos *She should sleep more*, jamais *She shoulds*, ou *she should sleeps*.
- Eles dependem de contexto e de outros verbos para ter sentido. Fora de contexto, por exemplo, as frases *I could* e *she must* não significam nada.

- Não possuem formas infinitivas, i.e., não existem as formas *to will*, *to must* etc. Também não são seguidos por *to*, de modo que não temos *I will to go* ou *They can to speak English*.

## O que significam os *modal verbs*?

Como foi dito antes, quando tratamos de *futurity*, todos os *modal verbs* podem ser usados para falar de *possibilidade* e *probabilidade*, inclusive no futuro. Todos eles terão, no entanto, outros significados e usos possíveis em diferentes contextos. Vejamos alguns a seguir.

### MUST

Além de seu uso para falar de *probability*, como em *She must be late because of the heavy Monday traffic* (em que estou quase certo de que a razão para seu atraso é o pesado trânsito de segunda-feira), *must* pode ser usado ainda nos seguintes contextos:

» *You must hand in all your assignments before next Saturday. (obligation)*
» *Sorry, sir, but you mustn't smoke in this area. (prohibition)*
» *You must take your language development more seriously! (strong advice)*

### SHOULD

Talvez o uso mais comum de *should* seja aquele que trabalhamos com nossos alunos no contexto de *giving advice* (dando conselhos), como em *You should see a doctor about that headache*. Não é o único:

» *If we leave now, we should be there on time. (possibility in the future)*
» *You shouldn't drink so much. (criticism)*
» *If you should see her, can you ask her to call me? (unlikelihood* – pouca probabilidade*)*

### WILL

Muitos professores pensam (e ensinam!) que *will* é usado apenas para falar de futuro, como vimos, por exemplo, na seção de *future simple*. Enganam-se.

» *(phone ringing) That'll be Julia. She promised to call tonight. (É a Julia. Ela prometeu ligar hoje à noite. – assumption in the **present**!)*
» *Every weekend Henrick will promise he won't bring work home. (Todo fim de semana, Henrick promete não trazer trabalho pra casa – habit)*
» *If you will speak like that, our conversation is finished. (Se você vai falar deste jeito, nossa conversa está terminada. – expressing disapproval)*

### WOULD

Já vimos anteriormente que usamos *would* para falar de *past habits*, como em *I would play soccer every weekend when I was a kid*. No entanto, talvez o uso mais comum de *would* seja aquele no qual falamos de hipóteses no presente/futuro, mesmo quando a condição está implícita.

» *If I had more time, I would read much more. (Se eu tivesse mais tempo, leria muito mais. – I don't have time)*
» *She would never do that to me! (Ela jamais faria isso comigo! – if she had the opportunity)*
» *I don't think I would recognize her anymore. (Eu não acho que ainda a reconheceria. – if I saw her today)*

Em todos os exemplos que acabamos de ver, estamos falando de situações hipotéticas, especulando sobre o que aconteceria se as condições fossem reais (se eu tivesse tempo, se ela tivesse a oportunidade, se eu a visse hoje etc.) É como se *would* equivalesse em português à terminação *–ria* para verbos.

### SHALL

*Shall* é um *modal verb* muito raro em inglês americano, praticamente só acontecendo, nessa variedade, em *tag questions* com *let's*, como em *Let's go, shall we?* Especialmente em inglês britânico, no entanto, acontece nos seguintes contextos:

» *No student shall be allowed into the classroom more than 15 minutes late. (formal: rules and regulations, second and third persons)*
» *I shall read at least 24 books this year. (something the speaker wants to happen)*

- » *This door shall be closed at all times.* (very formal: commands)

Para expressar *intenções* ou fazer *previsões*, utilizamos *shall* apenas com as primeiras pessoas do singular e do plural, *I* e *we*. Veja:

- » *We shall be late for the morning meeting.* (Formal. Informal seria com *will*)
- » *She should be late for the morning meeting.* (não *she shall be late...*)

### MAY E MIGHT

*May* e *might* têm sentido muito parecido quando usados para falar de possibilidade no futuro.

- » *We may/might paint our new kitchen green, but we're not sure.* (Talvez pintemos/É possível que pintemos nossa nova cozinha de verde, mas não temos certeza.)
- » *It may/might be colder tomorrow than it was today.* (Talvez esteja mais frio amanhã do que estava hoje.)
- » *She may/might have finished writing the reports by the time we get there.* (Ela talvez tenha terminado de escrever os relatórios quando chegarmos lá.)

Eles não são sempre similares ou intercambiáveis, no entanto. Veja o caso a seguir:

- » *In the past, a teacher might hit you if you misbehaved.* (possibility in the past – not *may*)
- » *May I come in?* (formal: permission – not *might*)

### CAN

O uso mais comum de *can* é quando falamos de habilidades, daquilo que sabemos ou não fazer.

- » *I can't play the guitar very well, but I can play the piano.* (Não sei tocar guitarra muito bem, mas sei tocar piano.)
- » *Can you speak any other languages apart from English?* (Você sabe falar outras línguas além do inglês?)

» He can't cook, but he can prepare amazing drinks. *(Ele não sabe cozinhar, mas sabe fazer/preparar drinques incríveis.)*

Além disso, *can* pode ser usado nos seguintes contextos:

» Can I please do this test on a different day? (permission)
» You can be a pain in the neck, you know. (criticism)
» It can't be him on the phone. He's on a plane to England now. (impossibility)

### COULD

*Could* é, em alguns casos, descrito por professores como o passado de *can*. É, claro, um erro conceitual, já que verbos modais, por definição, não têm *tenses*. *Could* é, no entanto, comumente usado para falar de habilidade no passado.

» I could speak English very well when I was 15. *(Eu sabia falar inglês muito bem aos 15 anos.)*
» She could already play the piano by the time she was 5. *(Ela já sabia tocar piano quando tinha 5 anos.)*

No entanto, usamos *could* para falar de habilidades *gerais* no passado, mas não para falar de apenas *uma* situação ou momento. Veja:

» When she saw the little boy drowning, she jumped into the water and was able to save him. *(Quando ela viu o menininho se afogando, ela pulou na água e conseguiu salvá-lo.* – não *could)*
» He was able to make a very good impression in the meeting, I think. *(Ele conseguiu causar uma impressão muito boa na reunião, eu acho.* – Falamos de *uma* reunião, um momento apenas.)

No entanto, *could* é mais comum que *be able to*, mesmo em situações únicas, nos seguintes casos:

» She could play the piano very well, but on the day of her recital she couldn't play a single note. *(Ela tocava/sabia tocar piano muito bem [general ability], mas no dia de seu re-*

*cital não conseguiu tocar uma nota sequer* [situação única] – *could* é mais comum em frases negativas, mesmo em situações únicas.)

» *I could feel an acute pain in my knee after the crash.* (*Eu podia sentir uma dor aguda no meu joelho após a batida.* [situação única] – Usamos *could* com *verbs of the senses* [verbos de sensação] como *feel, hear, smell, see, taste.*)

Como você vê, embora muitos de nós digamos para nossos alunos que *could* é passado de *can*, e que *be able to* pode sempre substituir *could* no passado, estas são apenas mais das meias verdades que frequentemente contamos para nossos alunos, ou por não sabermos disso ou por acharmos que estamos facilitando suas vidas. Pense no que diz Michael Lewis sobre isso em *The English Verb*: "se você encontrar uma exceção para uma regra, descarte a regra, não a exceção!"

## Past modals

Os *modal verbs* que acabamos de estudar podem ser usados seguidos da estrutura *have + past participle* para falar de tempo passado. Observe:

» *It must've been love, but it's over now. It must've been good, but I lost it somehow.* (*Deve ter sido amor, mas agora acabou. Deve ter sido bom, mas o perdi de alguma forma.* – grande probabilidade no passado, da canção *It must have been love*, da banda sueca Roxette.)

» *I could've picked you up at the airport.* (*Eu poderia ter pego você no aeroporto.* – possibilidade no passado.)

» *I should've known better than to let you go alone.* (*Eu deveria ter pensado melhor do que deixá-la ir sozinha.* – arrependimento de algo feito no passado [*past regret*], da canção *Is this love?*, da banda britânica Whitesnake.)

» *I should've drove all night, I would've run all the lights, I was misunderstood.* (*Eu devia ter dirigido a noite toda, eu teria furado todos os faróis vermelhos, fui incompreendido.* – respectivamente *past regret* [*should've drove*[10]] e hipótese no

---

10 *Should've drove*, de uma perspectiva prescritiva/pedagógica, está errado. Afinal, a estrutura pede o *past participle* do verbo, que neste caso seria *driven* (*drive-drove-driven*). Tente cantar a música com *driven*, no entanto – que tem duas sílabas, ao passo que *drove* tem apenas uma –, e você verá que *driven* não "cabe" na melodia. Licença poética...

passado [*would've run*], da canção *Misunderstood*, da banda americana Bon Jovi.)

Todos os *modal verbs* podem ser usados dessa forma, ou seja, seguidos de *have* + *participle* para falar de passado.

**NB:** *Past modals* podem ser escritos de maneira diferente em inglês informal. *Would have* pode aparecer, por exemplo, como *woulda*; *could have* como *coulda*; *should have* como *shoulda*, e assim por diante. Trata-se de uma imitação escrita de como as expressões normalmente soam na fala.

## *Semi-modal verbs*

Como vimos anteriormente com *be going to*, há vários casos de expressões em inglês que funcionam como verbos modais, mas não possuem todas as características que estudamos anteriormente. Alguns deles são:

**USED TO**

Veja novamente a seção "*Used to e would para hábitos no passado*", na p. 102.

**OUGHT TO**

Considerado por muitas gramáticas um *semi-modal verb* por sempre levar *to* (ou seja, por não possuir todas as características de um *modal verb* puro), *ought to* é usado das seguintes formas:

» *You ought to study harder if you want to pass.* (Você deve estudar mais se quer passar. – giving advice)
» *It's not fair to deny me of the cross I bear, that you gave to me. You, you, you oughta*[11] *know.* (Não é justo negar esta cruz que eu carrego, que você deu pra mim. Você, você,

---

11 Em letras de música, mensagens de texto etc., *ought to* é frequentemente escrito *oughta*. É uma aproximação de como *ought to* é geralmente pronunciado, especialmente em inglês americano.

*você precisa saber!* – *necessity*, da canção *You oughta know*, da cantora canadense Alanis Morissette).

#### BE ABLE TO

Como vimos quando tratamos de *could*, *be able to* é frequentemente usado para falar de habilidades em momentos específicos no passado, como na frase já estudada *When she saw the little boy drowning, she jumped into the water and was able to save him*.

Usamos *be able to* também, no entanto, para falar de *present* e *future*, como nos casos a seguir:

» *Because of her leg injury, she isn't able to leave home very often.* (Por causa de seu ferimento na perna, ela não consegue sair de casa com muita frequência. – *possibility in the present*)
» *Sorry but I won't be able to help you with your homework tomorrow as I have back-to-back classes.* (Desculpe mas não conseguirei ajudar você com sua lição amanhã pois tenho uma aula atrás da outra. – *possibility in the future*)

Não usamos *be able to*, no entanto, quando falamos do que *sabemos* fazer ou antes de *passive voice* (voz passiva). Veja:

» *Barack Obama can't speak Spanish.* (não *Barack Obama ~~isn't able to speak~~ Spanish.*)
» *Great movies and series can be watched on Netflix now.* (não *Great movies and series ~~are able to be watched~~ on Netflix now.*)

#### DARE

*Dare*, como *modal verb*, não é muito frequente. Quando usado, tende a acontecer em perguntas e frases negativas, geralmente significando *ousar, atrever-se*.

» *Cintia invited me to her wedding and I dare not refuse her invitation!* ([...] não me atreveria a recusar seu convite!)
» *Dare I ask what she said to you?* (Atrevo-me a perguntar o que ela disse para você?)

*Dare*, no entanto, acontece com bem mais frequência na expressão *How dare you!*, que significa *Como você se atreve!* Se seguida por verbo, este estará em sua forma infinitiva sem *to (bare infinitive)*.

» *How dare you show up here after all you've done! (Como você se atreve a aparecer aqui depois de tudo o que você fez!)*

### NEED

Usamos *need* como um *modal verb* também especialmente em frases negativas e interrogativas. Também não é um modal muito comum.

» *Need I bring anything on the day of the exam? (Preciso trazer alguma coisa no dia da prova?)*
» *You needn't take off your shoes. (Você não precisa tirar os sapatos.)*

Em frases afirmativas *need* como *modal verb* é ainda menos comum, e muito formal.

» *Nobody need know his reasons, just obey his orders. (Ninguém precisa saber suas razões, apenas obedecer suas ordens.)*

### HAD BETTER

*Had better ('d better)* é, digamos assim, uma forma mais forte de *should*, no contexto de *giving advice*. Há a ideia de que, se você não seguir o conselho, algo ruim pode acontecer.

» *You'd better see a doctor about that headache! (Seria melhor você ir ao médico ver esta dor de cabeça!)*
» *I promise I'll do all my homework this weekend. – You'd better! (Prometo que vou fazer toda minha lição neste fim de semana. – É bom mesmo!)*

Além disso, *had better* refere-se a conselhos sobre situações específicas. Usamos *should* em contextos mais gerais. Compare:

» *He'd better <u>not</u> expect us to do this for next class.* (É melhor que ele não espere que façamos isto para a próxima aula. – O aluno em questão está falando de um trabalho específico, para uma aula específica. A forma negativa tem *not* após a palavra *better* – *had better not* – jamais *hadn't better*).

» *He shouldn't expect us to always do homework for the following class. Sometimes it's not possible.* (Ele não deveria esperar que fizéssemos lição sempre para a aula seguinte. Às vezes não é possível – Aqui, o aluno fala do professor e suas expectativas de maneira geral, não apenas com relação a uma aula ou um trabalho específico.)

Agora é com você. Utilize a bibliografia sugerida ao final do livro para seguir estudando *modal verbs* de modo a usá-los com mais correção e confiança, e também para poder melhor ajudar seus alunos.

**EXERCÍCIOS**
As atividades sobre *modality* começam na página 184.

> **Importante: Consulte sempre mais de uma gramática!**
>
> Assim como é o caso deste livro, a maior parte das gramáticas mais difundidas entre professores de inglês não têm a pretensão de trazer tudo aquilo que é possível dizer sobre cada ponto gramatical, nem mesmo de trazer todos os pontos gramaticais do idioma. Por conta disso, nenhuma delas é completa, e nenhuma delas terá tudo o que você precisa saber.
>
> Além disso, há poucas verdades absolutas quando falamos de gramática, de modo que você possivelmente encontrará informações conflitantes ao analisar o mesmo ponto em duas gramáticas diferentes. Por isso, lembre-se: a informação mais segura será sempre aquela que você encontrar em mais de uma fonte. Pesquise!

## *Conditionals* (condicionais)

Ah, as *conditionals* em inglês... Tantos números, não é mesmo?

| Zero | *If I have money, I go to the beach.* |
|---|---|
| First | *If I have money, I will go to the beach.* |
| Second | *If I had money, I would go to the beach.* |
| Third | *If I had had money, I would have gone to the beach.* |
| Mixed | *If I had had money, I would be at the beach now.* |

Que atire a primeira pedra quem nunca torturou seus alunos dessa forma. Você já parou pra se perguntar o porquê dessa nomenclatura absurda? Por que a *zero conditional* não é a *third*? Por que a *second conditional* não é a *first*? Por mais que eu ache que professores precisam conhecer os termos usados para descrever a língua (esses inclusive), eu não consigo pensar em nenhuma terminologia mais descabida do que os "números" das *conditionals* em inglês. Infelizmente, no entanto, muitos livros (talvez a maioria) ainda a trazem, de modo que precisamos estudá-la.

Antes de a estudarmos, no entanto, é importante que entendamos as duas *clauses* (frases) presentes nas *conditionals*.

| *"If" clause*[10] | *Main clause (frase principal)* |
|---|---|
| *If I have money,* | *I go to the beach* |

Quando falamos em *conditionals*, falamos sempre em duas orações. Àquela que descreve a condição damos o nome de *if-clause*; e àquela que descreve o que acontece quando a condição é satisfeita, *main clause*. A ordem em que elas aparecem não é relevante nem para a estrutura interna das orações nem para o significado, mas quando a *if-clause* vem primeiro geralmente separamos as duas orações por vírgula.

Estudemos as *conditionals* caso a caso.

---

12   Embora frequentemente chamemos de "*if*-*clause*" a parte das *conditionals* onde descrevemos a condição, ela não terá sempre a palavra "*if*", como em *Unless I go home in the next 10 minutes, my wife is going to kill me* (A menos que eu vá pra casa nos próximos 10 minutos, minha esposa vai me matar.)

## Zero conditional (aquela que descreve o que é sempre verdade)

» *If I have money, I go to the beach.* (Se eu tenho dinheiro, vou para a praia.)
» *When the teacher brings video activities to class, the students get interested.* (Quando o professor traz vídeos para a sala, os alunos se interessam.)
» *When I was a child, I did my school homework only if my mother gave me chocolate.* (Quando era criança, eu só fazia minha lição da escola se minha mãe me desse chocolate.)

Embora livros didáticos geralmente digam apenas que a *zero conditional* é formada por *present / present*, tanto para a *if-clause* quanto para a *main clause*, a verdade é que também podemos ter *past / past*, como no terceiro exemplo que acabamos de ver.

Essa *conditional* descreve algo que acontece sempre que a condição é satisfeita, ou seja: sempre que tenho dinheiro, vou à praia; sempre que o professor traz vídeos para a sala de aula, os alunos se interessam; e quando eu era criança, eu só fazia minha lição se minha mãe me desse cholocate. Vale tanto para o presente quanto para o passado.

## First conditional (aquela que descreve possibilidade no presente / futuro)

A grande diferença de sentido entre a *first* e a *zero conditional* é que quando usamos a *first* estamos falando apenas de *uma* situação no futuro.

» *If Michelle doesn't come to class tomorrow again, we'll call her.* (Se a Michelle não vier à aula amanhã novamente, vamos ligar/ligaremos para ela.)
» *When I see Ed and Ju again, we're certainly going to have tons of fun.* (Quando eu vir o Ed e a Ju novamente, certamente vamos nos divertir muito!)
» *I'll teach her 7 o'clock class tomorrow if she doesn't come.* (Eu darei a aula dela das 7 amanhã se ela não vier.)

A *first conditional* é formada por um *present tense* na *if-clause* e um *future tense* na *main clause*.

No terceiro exemplo, como havíamos visto anteriormente, a *main clause* vem primeiro e, por conta disso, não temos vírgula entre as *clauses*. E ainda reiterando o que já estudamos, no segundo exemplo vemos que a *if-clause*, a despeito do nome, nem sempre tem *if* (nesse exemplo tem *when*).

## *Second conditional* (aquela que descreve hipóteses no presente / futuro)

*What would you do if you won the lottery?*

Muitas aulas sobre a *second conditional* pelo mundo já iniciaram com essa pergunta, com certeza. *O que você faria se ganhasse na loteria?* Antes de seguir lendo, pense em duas coisas que você faria e escreva-as em seu caderno.

Compare agora suas ideias com o que eu faria se estivesse nessa situação.

» *If I won the lottery, I would still teach. I would just probably work fewer hours a week.* (Se eu ganhasse na loteria, eu ainda daria aulas. Eu apenas provavelmente trabalharia menos horas por semana.)
» *I would spend much more time reading if I won the lottery.* (Eu passaria muito mais tempo lendo se eu ganhasse na loteria.)

Veja ainda estes dois exemplos, com diferentes contextos, encontrados em livros que li recentemente:

» *If I saw that woman now, if I saw Jess, I would spit in her face. I would scratch her eyes out.* (Se eu visse aquela mulher agora, se eu visse a Jess, eu cuspiria na cara dela. Eu arrancaria os olhos dela. – do livro *The girl on the train*, da escritora zimbabuana Paula Hawkins.)
» *If I had a pound for every time I have heard of someone predicting a language disaster because of a new technological development, I should be a very rich man.* (Se eu ganhasse/tivesse uma libra para cada vez que ouvi alguém prevendo um desastre linguístico por causa de uma nova tecnologia, eu deveria ser/seria um

*homem muito rico.* – do livro *Txtng: The Gr8 Db8*, do linguista britânico David Crystal.)

Em todos os exemplos que acabamos de ver, falamos de *hipóteses*, situações fictícias, imaginárias, com relação às quais o falante pensa em consequências também hipotéticas. Nos primeiros exemplos, sei que não vou ganhar na loteria (até porque não jogo), e consequentemente é tudo apenas um exercício de imaginação. Na frase de *The girl on the train*, a narradora não acha que vá encontrar Jess, mas imagina o que faria se a encontrasse. E na última, o lendário linguista diz que se ganhasse uma libra por cada previsão terrível que ouviu para o idioma – o que não vai acontecer – seria um homem rico.

É interessante também perceber que, embora *would + bare infinitive* (infinitivo sem *"to"*) seja a forma mais comum da *main clause* de uma frase na *second conditional*, no exemplo de David Crystal temos *should* em vez de *would*, o que é perfeitamente correto.

Resumindo, a *second conditional* tem um *past tense* na *if-clause* e *would + bare infinitive* na *main clause*. Como vimos no exemplo anterior, no entanto, outros *modal verbs* podem ser usados em vez de *would*.

» *If we all studied English more often, perhaps we could change some students' preference for native-speaking teachers.* (Se todos nós estudássemos mais inglês, talvez conseguíssemos mudar a preferência de alguns alunos por professores nativos.)

Para terminar, veja que às vezes usar a *first* ou *second conditional* é uma questão de como o falante vê a situação, se como algo possível ou apenas como uma hipótese fictícia.

» *If I win the lottery, I'll buy a new car.* (O falante acha que pode acontecer, talvez por jogar frequentemente.)
» *If I won the lottery, I'd buy a new car.* (O falante não acha que possa acontecer, talvez por nunca jogar.)

## *Third conditional* (**aquela que descreve hipóteses no passado**)

A *third conditional* é muito similar à *second*, com a diferença de que trata de hipóteses irreais ou imaginárias no passado.

» *If I had known how this would end, I would've loved you anyway.* (Se eu tivesse sabido/soubesse como isso terminaria, eu teria amado você de qualquer forma – da canção *I would've loved you anyway*, da cantora country americana Trisha Yearwood.)
» *I would've gone to her birthday party if she had invited me.* (Eu teria ido à festa dela se ela tivesse me convidado.)

Nos casos em que usamos a *third conditional*, tanto a condição quanto a consequência dela estão no passado. Usamos *past perfect* na *if-clause* e *would + have done* na *main clause*. Como é o caso com a *second conditional*, outros *modal verbs* além de *would* também podem ser usados.

» *She could've helped you if you'd asked.* (Ela poderia ter ajudado você se você tivesse pedido.)
» *He might've been more understanding if you hadn't lied to him.* (Ele poderia ter sido mais compreensivo se você não tivesse mentido pra ele.)

## *Mixed conditional* (**aquela que... mistura tudo**)

Coisas que fizemos (ou não) no passado podem ter um resultado no presente.

» *If you had saved some money* (*if-clause* da *third conditional*), *you wouldn't be broke now.* (*main clause* da *second conditional*). (Se você tivesse guardado dinheiro, você não estaria sem grana agora. – a condição se refere a tempo passado, mas o resultado – hipotético – dela seria no presente.)

Questões atemporais (como ser alto, baixo, homem, tímido etc.) podem ter tido resultados no passado.

» *If I were taller (if-clause da second conditional), I would've played basketball at school (main clause da third conditional).* (*Se eu fosse mais alto, eu teria jogado basquete na escola.* – A questão de eu ser ou não alto não tem *tempo*. Tenho hoje a mesma altura que tinha aos 16 anos, de modo que não estou falando de um fato passado ou presente, apenas de um fato.)
» *She would've gotten that job (main clause da third conditional) if she were a native speaker of English (if-clause da second conditional), and that's unacceptable.* (*Ela teria conseguido aquele emprego se fosse falante nativa de inglês, e isso é inaceitável*). – Ela não é falante nativa de inglês, e isso não se refere a tempo específico, é atemporal. O resultado do qual falamos na frase, no entanto, é passado. Ela não conseguiu o emprego, o que infelizmente ocorre com frequência assustadora.

### Além dos números: outras *conditionals*

Há inúmeras maneiras de falarmos de condições e de suas consequências em inglês. Falar de três tipos (ou quatro, ou cinco...) é bastante reducionista, embora talvez compreensível por razões pedagógicas. Não permita, no entanto, que este nosso desejo de organizar a língua, de nomeá-la e classificá-la, acabe por fazer você, profissional do idioma, acreditar que essas são realmente as únicas *conditionals* que temos em inglês.

Veja alguns exemplos de *conditionals* que não se encaixam em nenhuma das classificações que vimos anteriormente, e que são muito comuns em inglês.

» *If you will argue with everyone about soccer, you can't expect people to like you much.* (*Se você for discutir com todo mundo sobre futebol, você não pode esperar que gostem muito de você.* – Esta é uma crítica a um comportamento específico, e neste caso é comum que usemos *will* na *if-clause*, ainda que não se refira necessariamente a tempo futuro. A *main clause* leva *present*).
» *If you should see / happen to see her, can you please ask her to call me?* (*Se por acaso você a vir, você pode por favor pedir para ela me ligar?* – Aqui temos *should* ou *happen to* na *if-clause*, o que indica que o falante não acredita realmente que isso vá acontecer. A *main clause* traz um *present tense*).

» *It would've been nice to see her.* (Teria sido bacana vê-la. – Temos agora um infinitivo [*to see*] no lugar da *main clause*. A *if-clause* é a da *third conditional*, referindo-se a tempo passado.)
» *I would've appreciated some help.* (Eu teria apreciado alguma ajuda. – Simplesmente não temos uma *if-clause*. Embora *course books* geralmente não falem dessa possibilidade, ela é possível e comum: não temos duas *clauses* sempre que falamos de hipóteses.)

Além disso, como disse anteriormente, nem sempre usamos *if* nas *if-clauses*. As alternativas são muitas: *if only* (se ao menos), *unless* (a menos que), *provided that* (desde que), *since* (desde que), *as long as* (desde que), *supposing/suppose* (supondo que), *but for* (se não fosse por/se não tivesse sido por), *otherwise* (do contrário), entre muitas, muitas outras. Alguns exemplos:

» *But for my mother's encouragement, I would've never become a teacher. Thanks, mom!* (Se não fosse pelo encorajamento da minha mãe, eu jamais teria me tornado professor. Obrigado, mãe!)
» *I don't care who you are, where you're from, what you did, as long as you love me.* (Não me importo quem você é, de onde você é, o que você fez, desde que você me ame. – Declaração de amor horripilante da música *As long as you love me*, dos Backstreet Boys.)
» *I don't have anything, since I don't have you.* (Eu não tenho nada, já que não tenho você. – Mais uma declaração de amor adolescente, esta da canção *Since I don't have you*, dos Guns 'n' Roses).

## *Passive voice* (voz passiva)

Outra área muito importante da gramática da língua inglesa é a *passive voice*, comum em todos os diferentes *registers* de uso do idioma, e muito parecida com a língua portuguesa na maior parte dos usos.

## Usos comuns

Usamos a *passive voice* nos seguintes casos:

- Quando queremos mudar o foco de uma frase:

» *Machado de Assis wrote* Memórias Póstumas de Brás Cubas. (voz ativa [*active voice*], foco no sujeito da frase. A sentença é mais sobre Machado de Assis do que sobre seu livro.)
» Memórias Póstumas de Brás Cubas *was written by Machado de Assis.* (*passive voice*, foco no objeto da frase. Esta sentença é mais sobre o livro do que sobre seu autor.)

- Quando quem praticou a ação do verbo não é conhecido ou não é relevante/importante:

» *My car was stolen while I was in the cinema.* (*passive voice*, foco no objeto da frase [*My car*]. O agente da oração, seu sujeito, não é conhecido.)
» *Many books have been written on technology for education recently.* (*passive voice*, foco no sujeito da frase [*Many books*]. A informação realmente importante da frase é a quantidade de livros escritos, não os autores que os escreveram.)

Perceba que só usamos a *passive voice* com verbos transitivos, ou seja, aqueles que têm objetos. A razão para isso é que o foco das frases na *passive voice* é nos objetos delas, não em seus sujeitos. Veja a frase a seguir:

» *The baby slept.* (*active voice*)
» *The baby was slept.* (impossível usar *passive voice*, pois trata-se de um verbo intransitivo, sem objeto.)

Quanto à forma das frases na *passive voice*, note que apenas o verbo *to be* mudará sua forma de acordo com o tempo da frase. O verbo principal estará sempre no *past participle*. Veja:

» *The house will be painted next Saturday.* (*A casa será pintada no próximo sábado.* – O verbo *to be* está no futuro, e o verbo principal *paint* no *past participle*).
» *I've been invited to speak at an event next July.* (*Fui convidado para falar em um evento no próximo mês de julho.* – Verbo *to be* no *present perfect*; verbo principal *invite* no *past participle*).
» *Some politicians are being investigated for corruption.* (*Alguns políticos estão sendo investigados por corrupção.* – Verbo *to be* no *present continuous*; verbo principal *investigate* no *past participle*).

**Usos mais avançados**

Embora mais "avançados", os usos a seguir da *passive voice* são muito comuns em inglês mais formal, como em artigos acadêmicos, por exemplo.

» *It is widely believed that emissions of carbon dioxide (CO2) are contributing to the "greenhouse effect" and causing the planet to warm up.* (*Acredita-se que as emissões de gás carbônico [CO2] estão contribuindo para o "efeito estufa" e causando o aquecimento do planeta.* – O uso de *it is believed* [acredita-se] faz que a frase não se trate da opinião pessoal do falante, e sim de uma opinião dividida com várias pessoas, tornando a frase mais impessoal e formal.)
» *Former Brazilian president Luis Inácio Lula da Silva is said to be an alcoholic.* (*Diz-se que o ex-presidente do Brasil Lula é um alcoólatra.* – Assim como na frase anterior, *is said to* [diz-se que] é usado para deixar a frase mais impessoal, mais formal).
» *I was told Barcelona is the most exciting city in Spain.* (*Disseram-me que Barcelona é a cidade mais excitante da Espanha.* – Outra forma de deixar a frase mais formal é com o uso de *I was told*, em que o falante não diz quem foi que lhe disse algo).

Mais informalmente, usaríamos *they* ou *people* em vez da construção na *passive voice*, como em *People believe the emissions of carbon dioxide are contributing to the "greenhouse effect"*, ou *They say Lula is an alcoholic* etc.

## Get/Have something done

Utilizamos essa estrutura quando pedimos a alguém que faça algo para nós, em nosso lugar, especialmente quando pagamos por isso.

» *I never wash my car myself, but I have/get it washed every weekend.* (*Eu nunca lavo meu carro eu mesmo, mas eu o lavo todo final de semana.* – Veja como em português usamos comumente a voz ativa independentemente de praticarmos a ação ou não. Na segunda frase, estou falando de algo que pago para um profissional fazer (um lava-rápido neste caso). Em inglês, quando não praticamos a ação nós mesmos, usamos a estrutura *have/get something done.*)
» *How often do you have/get your hair cut?* (*Com que frequência você corta o cabelo?* – Novamente, em português dizemos *corto meu cabelo*, com voz ativa, mesmo que não seja você mesmo quem pratica a ação do verbo. Em inglês isso não acontece, e usamos *have/get something done.*)

A única diferença entre *have* e *get something done* é *register*. *Get* é mais informal que *have*.

## Need to be done / need doing

*Need to be done* ou *need doing* são usadas para falar de algo que precisa ser feito, e que não necessariamente será feito por nós.

» *This classroom needs painting / needs to be painted.* (*Esta sala de aula precisa ser pintada.* – Não há diferença entre o uso de *needs painting* ou *need to be painted*).
» *My house needs cleaning / needs to be cleaned before the party.* (*Minha casa precisa ser limpada antes da festa.* – Como no exemplo acima, algo precisa ser feito, e não será necessariamente feito pelo falante).

**EXERCÍCIOS**

Agora dedique algum tempo às atividades sobre *conditionals* e *passive voice*, que começam na página 186.

> **Importante: A importância da escrita para seu desenvolvimento linguístico**
>
> Quando falamos, processamos e produzimos informação praticamente ao mesmo tempo. Isso significa que temos muito pouco tempo para pensar no vocabulário que usaremos, em estruturas interessantes, em variedade. A escrita, por sua vez, nos dá muito mais tempo de considerar essas questões.
>
> Por conta disso, escrever é um excelente exercício de prática e de desenvolvimento linguístico. Quando escrevemos, geralmente temos muito mais tempo de pensar nos elementos de língua que estamos usando. Podemos decidir se, por exemplo, o *present perfect* ou o *simple past* é o mais apropriado em determinado contexto, ou qual é a melhor forma para expressar ideias futuras em uma frase específica, e assim por diante. Ao escrevermos, aprendemos e consolidamos nosso aprendizado.
>
> Por tudo isso, escreva! Crie um blog, comunique-se com amigos via WhatsApp, Facebook e demais mídias sociais em inglês, escreva um diário de aulas onde você anota o que deu certo e o que precisa ser melhorado para as próximas aulas. E, como discutimos no capítulo anterior, leia. A combinação de leitura com escrita fará que seus conhecimentos de inglês sejam maiores e melhores todos os dias, e você e seus alunos só têm a ganhar com isso.

## Dificuldades comuns do professor brasileiro de inglês – gramática

Começaremos esta parte da nossa conversa sobre gramática falando dos problemas levantados na introdução do capítulo.

- **Na pergunta *Who wrote this?* não se usa o auxiliar *did*, ao passo que em *Who did you see there?* sim. Por quê?**

É muito simples. Na primeira pergunta, *who* é o sujeito da frase, e quando isso ocorre não usamos o verbo auxiliar. Já na segunda, *who* é o objeto da frase, e nesses casos usamos sempre o verbo auxiliar. Veja outros exemplos:

» *What happened to you?* (*O que aconteceu com você?* – *What* é o sujeito da frase.)
» *What did she do to you?* (*O que ela fez com você?* – *What* é objeto da frase. *She* é o sujeito.)
» *Who asked for this? Was it you?* (*Quem pediu isto? Foi você?* – *Who* é o sujeito da frase.)
» *Who did you ask this for?* (*Para quem você pediu isto?* – *You* é o sujeito da frase. *Who* é o objeto.)

- **Será que é verdade absoluta que não se usa o verbo *love* com *-ing*?**

Já discutimos essa questão anteriormente. Usamos *state verbs* como *love, look, like* etc. com *–ing* para focar no fato de que a questão é temporária, como em *A friend is staying with us at the moment, and we're loving having her at home!* É o mesmo caso do *I'm lovin' it!* do McDonald's.

- **Será mesmo que só se usa *any* em frases negativas e interrogativas e *some* em frases afirmativas?**

Não, isso não é verdade. Podemos, por exemplo, usar *any* em frases afirmativas, como em *You can take any book you want, I have many* (*Você pode pegar qualquer livro que quiser, eu tenho muitos*). Já *some* pode ser usado em perguntas, por exemplo, quando oferecemos algo a alguém, como em *Would you like some coffee?* (*Você quer um pouco de café?*)

- **É verdade que nunca se usa o tal *present perfect* com *yesterday* ou outros advérbios que remetam a tempo passado?**

Sim, é verdade. Geralmente não usamos *present perfect* com tempo *definido* e *terminado* no passado, como *yesterday, two weeks ago, last month* etc.
No entanto, no livro *Watermelon*, best-seller da autora irlandesa Marian Keyes, a narradora nos conta logo no início do primeiro capítulo: *Well, my*

*name is Claire and I'm twenty-nine and, as I mentioned, I've just had my first child two days ago.*

E agora? Característica do inglês irlandês? Marian Keyes não é tão boa em gramática como é em contar histórias?

Trata-se de uma autora com mais de uma dezena de livros publicados, todos com estrondoso sucesso, falante nativa, e não há nenhuma justificativa plausível na história para o "erro" aparente. Embora eu não tenha conseguido achar em gramáticas justificativas para esse uso de *present perfect* com *just* e *two days ago*, me parece simplesmente que Claire está deixando bem claro que sua filha nasceu muito recentemente, e não me parece *errado* usar a estrutura dessa forma. Eu não a usaria em exames ou contextos mais formais, no entanto.

Agora que resolvemos as questões levantadas no início, vamos dar uma olhada em outras áreas da gramática da língua inglesa que podem ser espinhosas para nós professores.

- **Embedded questions**

Como você traduziria para o inglês as seguintes perguntas: *Você sabe que horas são? Você pode me dizer quanto custa esta caneta?*

É muito comum ver professores, assim como seus alunos, fazendo "duas perguntas" em cada uma dessas frases. Lembre-se que quando começamos questões com *Do you know, Can you tell me* etc., só teremos a formação de pergunta (com verbo auxiliar ou inversão de verbo e sujeito) na primeira parte da pergunta. Veja:

» *Do you know what time it is?* (Não *Do you know what time is it?*)
» *Can you tell me how much this pen costs?* (Não *Can you tell me how much does this pen cost?*)

- **Be with**

Não traduzimos *estar com* para *be with* em inglês em todos os casos. Por exemplo, jamais falamos de sintomas, problemas de saúde, com *be with*, e sim com *have*.

» *I have a terrible headache.* (Jamais *I am with a terrible headache*).
» *She had a fever so we took her to the hospital.* (Jamais *She was with a fever so we took her to the hospital*).

Também não usamos *be with* quando *estamos com* coisas ou objetos.

» *I have your book, do you want it back?* (Nunca *I'm with your book, do you want it back?*)
» *Do you have my Batman DVD with you?* (Nunca *Are you with my Batman DVD?*)

Quando falamos que *estamos com* pessoas, no entanto, daí *be with* é usado.

» *Have you come alone? – No, I'm with her.*
» *I was with her this morning, but I haven't seen her since.*

- ***I like / I want etc.* – Verbos transitivos**

Verbos transitivos como *like* e *want* <u>sempre</u> precisam de objetos. Não podemos, portanto, dizer *I want*, devendo sempre dizer *I want it*. Outros exemplos:

» *I don't like London. I absolutely love it.* (Não *I love*)
» *She's not interested in self-help books. She never reads them.* (Não *She never reads*)
» *She wants to buy me a shirt for my birthday, but I don't want it.* (Não *I don't want*).

- ***My city it is beautiful!* – *double subjects* (dois sujeitos)**

Li algumas vezes em redações de professores frases como esta, *My city it is beautiful*. Lembre-se que os *pronouns* são usados para substituir os nomes, os substantivos (*nouns*), de modo que não devemos usar os dois juntos.

» *My city it is beautiful.* (sem *it*)
» *My city it is beautiful.* (sem *my city*)

- ***Reported speech*: sempre um verb tense atrás?**

Não, nem sempre. Veja os exemplos a seguir:

» *(2 weeks ago): She said, "I'll go to the beach with my boyfriend next weekend".*
» *(Today): You say, "She told me she would go to the beach with her boyfriend the following weekend".*

Você encontrou uma amiga duas semanas atrás, e ela disse que iria à praia com o namorado no fim-de-semana seguinte. Ao contar o fato para um amigo em comum hoje, o que ela havia chamado de *next weekend* naquele momento não é mais o próximo fim-de-semana, de modo que a referência temporal não é mais a mesma. Assim, forma verbal e advérbio de tempo mudam: *will* vira *would*; *next weekend* será *the following weekend*.

Estude agora os casos a seguir:

» *(Yesterday, Wednesday): She said, "I'll go to the beach with my boyfriend next weekend".*
» *(Today, Thursday – the next day): You say, "She said she'll go to the beach with her boyfriend next weekend".*

A referência temporal neste caso não mudou. Ela disse a você ontem que vai para a praia com o namorado dela no fim-de-semana que vem, e *next weekend* aqui ainda é *next weekend*, pois hoje ainda é quinta-feira. Neste caso, você não muda os tempos verbais e advérbios da frase.

Temos ainda o caso em que o que foi dito ainda é verdade, de modo que não precisamos mudar a forma do verbo. É o caso de *She told me she loves me*, em que não precisamos mudar o verbo *loves* para *loved* por pressupormos que ela ainda me ama. Podemos estar enganados, mas tomara que não.

- ***Verb patterns*: *to*, *-ing*, ambos ou nenhum dos dois?**

*Verb patterns*, ou padrões verbais, é uma das áreas mais difíceis da gramática da língua inglesa, sem nenhuma dúvida. É uma área na qual professores iniciantes ou experientes, razoavelmente fluentes ou proficientes... enfim, todos têm dificuldades. Veja a seguir o que quero dizer com isso.

» *I want to go to the cinema next weekend.*
» *She enjoys watching movies on the weekends.*
» *Nobody will understand her reasons for resigning.*

Temos, respectivamente: o verbo *want*, que, se seguido por verbo, é sempre seguido por *to*; *enjoy*, que quando seguido por outro verbo, este estará sempre em sua forma com *–ing*; e *will*, que, como todos os outros verbos modais estudados anteriormente, será seguido por *bare infinitive* (infinitivo sem *to*).

Embora não exista nenhuma razão aparente para esses verbos se comportarem dessa forma, sabemos que eles sempre se comportam assim, de modo que esses são os casos fáceis!

Agora veja os seguintes casos:

» *I tried to open the door, but I simply couldn't.*
» *I tried opening the door, but it's still really hot in here.*
» *We stopped to have something to eat.*
» *We stopped studying to have something to eat.*
» *Can you please help me (to) do my homework?*

O verbo *try*, por exemplo, pode ser seguido de um verbo com *to* ou *–ing*, e os significados são diferentes em ambos os casos. Na primeira frase, com *to*, falamos em fazer um esforço físico para abrir a porta, possivelmente por ela estar emperrada. Já na segunda frase, com *–ing*, falamos de algo que fazemos para tentar resolver um problema, neste caso o calor dentro da sala. No primeiro caso descrevemos uma dificuldade para abrir a porta, ao passo que no segundo apenas uma tentativa de solucionar uma questão.

Com *stop*, usar *to* e *–ing* também resultará em significados diferentes. Com *to* temos *parar para*; com *–ing*, *parar de*. Portanto, a terceira frase fala em *parar para comer*, enquanto a seguinte refere-se a *parar de estudar*.

Finalmente, *help* é um caso diferente. Esse verbo pode ser seguido de infinitivo com ou sem *to*, sem qualquer diferença de sigficado. Eu posso *help you do* ou *help you to do your homework*, e em ambos os casos estou apenas ajudando-o com sua lição de casa.

Outro verbo complicado é *suggest*. Antes de ver os exemplos abaixo, traduza em seu caderno a seguinte frase para o inglês: *Ela sugeriu que fôssemos ao cinema*.

Há algumas maneiras de dizer esta frase com o verbo *suggest*, mas em nenhuma delas podemos utilizar *to* após o verbo. Veja:

» She suggested we went to the cinema.
» She suggested that we go to the cinema.
» ~~She suggested us to go to the cinema.~~

O verbo *suggest*, assim como alguns outros similares (*recommend, propose* etc.), nunca será seguido de *object pronoun* (*me, her, us, them* etc.), nem por infinitivo (*to*).

Como saber qual o padrão de um verbo? Então... esse é o "xis" da questão. Não há absolutamente nada na forma do verbo que diga para você qual o *pattern* específico dele, de modo que usar um bom dicionário é a melhor forma de se certificar quanto à maneira correta de usar determinado verbo quando seguido de outro. Ler MUITO também ajuda.

## Considerações finais e dicas de estudo

Como disse no capítulo 1, durante os trabalhos neste livro contei com a ajuda de inúmeros amigos professores – especialmente por meio do Facebook – que me deram diversas sugestões quanto às áreas da gramática (e também vocabulário e pronúncia) que deveria abordar. Numa das discussões mais inspiradoras, com o pessoal do grupo BrELT (www.facebook.com/groups/brelt), as sugestões referentes à gramática do idioma teriam sido suficientes para escrever um livro inteiro apenas sobre isso.

Coube a mim, portanto, a difícil tarefa de escolher quais dessas muitas áreas trabalharia aqui, pois afinal não se trata de um livro (apenas) sobre gramática. Por questão de espaço e escopo, tive de deixar algumas importantes áreas de fora. Por exemplo: *inversions* (inversões), que são importantíssimas para professores interessados em fazer exames internacionais em nível avançado como Cambridge CAE e CPE, ou simplesmente interessados em se comunicar melhor, especialmente em contextos formais; *reported speech* (discurso indireto), que entrou apenas na parte de dificuldades comuns, sem muita profundidade; *relative clauses* (e outros tipos de clauses); *punctuation* (pontuação), que ficou completamente de fora etc.

No entanto, querido professor, estude essas e TODAS as outras áreas da gramática inglesa regularmente. Faça exercícios, leia diferentes gramáticas (como já sugerido anteriormente), questione suas certezas. Estude rapidamente pontos gramaticais antes de ensiná-los em suas aulas, é claro, mas lembre-se que esse conhecimento superficial adquirido lendo os resumos gramaticais que encontramos no final de nossos *course books* não é suficiente para nós.

Algumas dicas de estudo bem simples:

- Escolha um ponto gramatical por semana (ou a cada 15 dias) para estudar com afinco. Pegue, por exemplo, as *inversions*, e leia sobre elas em duas ou três gramáticas diferentes. Faça anotações, exercícios, procure exemplos delas em suas leituras e anote-os em seu caderno – no livro *Before I go to sleep*, de S. J. Watson, por exemplo, encontrei a frase *Not only have I screwed a married man, but I have done so in what I am guessing is his home* (não vou traduzir esta, sorry! hehehe). Faça uma pesquisa no Google por *"Not only have I"*, entre aspas, para achar ocorrências exatas, e veja outros casos de usos reais. Você pode inclusive refinar sua busca digitando *"Not only have I" NY Times*, para encontrar apenas casos em que esta *inversion* específica foi usada nesse jornal, e assim por diante. Na semana seguinte, ou na próxima quinzena, faça a mesma coisa com um ponto gramatical diferente, e uma vez a cada dois meses, digamos, reveja suas anotações sobre um dos pontos já estudados. É trabalho de formiguinha, e é por toda a vida!
- Procure vídeos de aulas sobre o tópico que deseja estudar no YouTube ou no Vimeo (www.vimeo.com). Você encontrará dezenas, centenas, até

- milhares de vídeos de aulas gravadas por professores de todo o mundo sobre o assunto. Nem todas serão excelentes, mas muitas delas o ajudarão muito a dominar, ou ao menos entender melhor, o ponto em questão.
- Quando estiver lendo, assistindo filmes, séries etc., preste atenção ao uso de pontos gramaticais que já conhece, e tente justificar seus usos. Por exemplo, em um vídeo muito interessante que vi no TED outro dia, uma apresentação da americana Monica Lewinski (http://www.ted.com/talks/monica_lewinsky_the_price_of_shame#t-15434), ela diz *You are looking at a woman who was publicly silent for a decade. Obviously, that's changed, but only recently*. Nessa pequena parte do vídeo, bem no começo dele, você já tem um excelente exemplo real de *present perfect* para analisar. Por que ela usou essa forma e não *simple past*? Provavelmente porque não diz quando a situação mudou, e também porque está usando o advérbio *recently* para falar de algo que ocorreu recentemente (lembra-se do *perfect of recentness*?), mas sem dizer exatamente quando. Você percebe, ainda, que ela usa o auxiliar *has* contraído, *'s*, que é bem mais comum na fala, e assim por diante. É so uma questão de curiosidade e foco, pois a língua inglesa está em todo lugar.
- Quando, por outro lado, encontrar algum uso de certo ponto gramatical que não sabe explicar, ou uma estrutura que não conhece, anote-os! Quando puder, pergunte a amigos e colegas, faça buscas na internet, use diferentes livros de gramática... O que você não pode de forma alguma fazer é ignorar a questão!

Estudar gramática – e tudo o mais! – é obrigação do profissional de idiomas, e, como sugeri no início, não acredito que o façamos (o suficiente). É fato, no entanto, que quanto mais estudamos mais percebemos que não há nada tão gratificante quanto conhecer muito sobre aquilo que ensinamos, e maior é nossa certeza de que, ao aprender mais a cada dia, melhor podemos ajudar nossos alunos.

Agora descanse um pouco, foi uma conversa longa. Quando voltarmos, vamos explorar outra fascinante área da língua inglesa: a pronúncia!

CAPÍTULO 3
# Pronúncia

## Por que estudar pronúncia?

Um dos escritores mais importantes da área de ELT, Jim Scrivener, em seu livro *Learning Teaching*, diz que pronúncia é uma área pouco trabalhada no ensino de inglês, em parte porque professores se sentem mais inseguros com relação a pronúncia do que, por exemplo, com relação a gramática ou vocabulário, e temem talvez não ter suficiente conhecimento técnico para ajudar seus alunos como se deve.

Concordo com ele. É verdade – e vejo isso sempre que converso com professores de inglês pelo Brasil ou assisto suas aulas – que professores brasileiros de inglês, quase sempre, têm pouca confiança em suas habilidades com pronúncia, e acabam evitando esse tópico em sala de aula. O pouco que é feito tende a se resumir à repetição de palavras isoladas, raramente de frases com contexto.

Durante as pesquisas e a preparação para este livro, perguntei a dezenas de professores de inglês brasileiros com que frequência focavam aspectos de pronúncia em suas aulas, e quais acreditavam ser suas maiores dificuldades com a pronúncia do inglês. Ouvi várias respostas interessantes, por vezes preocupantes, e destaco algumas:

> *Acho minha pronúncia boa, embora saiba que cometo alguns erros. Normal! Mas não sei quase nada sobre a teoria, sobre entonação etc. Estudei um pouco na faculdade, mas bem pouco.* (professor de São Paulo/SP)

> *A parte de pronúncia é a mais difícil pra mim. Como aluno, meus professores sempre a trabalharam muito pouco, e como professor faço apenas trabalhos de repetição. Preciso estudar mais.* (professora de Boa Vista/RR)

> *Acho pronúncia fundamental e não sei quase nada sobre o assunto, infelizmente.* (professora do Rio de Janeiro/RJ)

A verdade é que pronúncia é uma área absolutamente fundamental de qualquer idioma que se pretenda usar para a comunicação, e é vital que um professor saiba bastante sobre o assunto e que jamais o ignore em sala de aula. Me parece, também, muito importante que professores tenham boa pronúncia em inglês, e uma boa pronúncia envolve muitos aspectos, como se verá a seguir.

Este capítulo tem por objetivo auxiliar o professor de inglês – especialmente, mas não exclusivamente, o brasileiro – a compreender melhor importantes aspectos fonológicos da língua inglesa, com o propósito de melhorar sua pronúncia, seu trabalho com pronúncia em sala de aula e, igualmente importante, seu *listening*, sua compreensão auditiva. Afinal de contas, um bom *listening* tem tudo a ver com entender bem como funciona a pronúncia do inglês. Ao final do capítulo, o professor encontrará uma lista de dificuldades comuns observadas em professores de inglês brasileiros, assim como dicas sobre como estudar e melhorar sua pronúncia sempre. Bons estudos!

## Do que falamos quando falamos da pronúncia do inglês?

Ao contrário do que possa parecer à primeira vista, uma boa pronúncia em inglês não tem somente a ver com a produção correta dos sons do *th*, ou as formas do passado regular (*-ed, -ied*). Tampouco está em conhecer os diferentes sons do inglês, ou dizer *VEgetable* em vez de *vegeTAble*. Uma boa pronúncia está, sim, em tudo isso, mas não somente. Podemos dizer que aprender pronúncia envolve cinco grandes áreas:

- fonemas (*phonemes*);
- sílabas tônicas em palavras (*word stress*);
- sílabas tônicas em frases (*sentence stress*);
- ligações entre palavras em frases (*connected speech*);
- entonação (*intonation*).

Nas próximas seções, vamos olhar mais detalhadamente para cada uma dessas áreas com explicações, exemplos e exercícios. Não deixe de ouvir as faixas correspondentes a palavras e frases de exemplo sempre que vir este símbolo ⊙.

## Os fonemas

Em seu livro *Sound Foundations*, de 1994, Adrian Underhill criou uma das ferramentas mais utilizadas no ensino de pronúncia no mundo, o *phonemic chart*, ou tabela de fonemas.

Inglês britânico

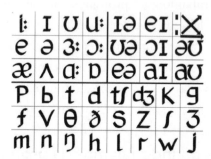

*Tabela de fonemas - inglês britânico*

A tabela de fonemas acima contém os 44 sons que formam o que convencionalmente se chama de *inglês britânico padrão* (Standard British English ou Received Pronunciation). A tabela está dividida nas seguintes partes:

- As três primeiras linhas contêm os *vowel sounds*, ou sons vocálicos:

| iː | ɪ | ʊ | uː | ɪə | eɪ | ʌɪ |
|---|---|---|---|---|---|---|
| e | ə | ɜː | ɔː | ʊə | ɔɪ | əʊ |
| æ | ʌ | ɑː | ɒ | eə | aɪ | aʊ |

- As quatro primeiras colunas das três primeiras linhas trazem os *monophthongs*, ou monotongos – sons vocálicos feitos de apenas um som;

Os fonemas | 137

- As três últimas colunas das três primeiras linhas listam os *diphthongs*, ou ditongos – fonemas vocálicos formados por dois sons:

```
ɪə  eɪ  ˌX
ʊə  ɔɪ  əʊ
eə  aɪ  aʊ
```

- As três últimas linhas são dedicadas aos *consonant sounds*, ou sons consonantais:

```
p  b  t  d  tʃ dʒ k  g
f  v  θ  ð  s  z  ʃ  ʒ
m  n  ŋ  h  l  r  w  j
```

- O último campo da primeira linha mostra: ˌX

  » os diferentes tipos de *stress* (sílabas fortes) possíveis nas palavras e frases em inglês: primário (ˈ) e secundário (ˌ) - *ver seção sobre sílabas tônicas*;
  » os padrões de entonação das sentenças em inglês: ↗ (rise), ↘ (fall), ↘↗ (fall-rise), ↗↘ (rise-fall) e → (flat) - *ver seção sobre entonação*.

Ouça, agora, as faixas correspondentes aos sons do inglês britânico no seu CD e acompanhe-os na lista a seguir.

### *Monophthongs* (da esquerda para direita) 🔘 1

/iː/* as in *sheep*, and *neat*, and *leave*;
/ɪ/ as in *ship*, and *knit*, and *live*;
/ʊ/ as in *book*, and *put* and *took*;

/u:/* as in *shoe*, and *blue*, and *you*;
/e/ as in *bed*, and *seven*, and *very*;
/ə/ as in *ago*, and *banana*, and *computer*;
/ɜ:/* as in *her*, and *shirt*, and *work*;
/ɔ:/* as in *door*, and *store*, and *caught*;
/æ/ as in *cat*, and *mad*, and *catch*;
/ʌ/ as in *cut*, and *love* and *mother*;
/ɑ:/* as in *car*, and *laugh* and *star*;
/ɒ/ as in *hot*, and *not*, and *bottle*.

**\* Importante: ":"**

Os sons seguidos do símbolo ":" são vogais longas.

### *Diphthongs* (de cima para baixo) 🔊 2

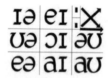

/ɪə/ as in *here*, and *ear*, and *near*;
/ʊə/ as in *pure*, and *cure*, and *tour*;
/eə/ as in *there*, and *where*, and *stare*;
/eɪ/ as in *play*, and *stay*, and *eight*;
/ɔɪ/ as in *boy*, and *toy* and *annoy*;
/aɪ/ as in *cry*, and *try*, and *buy*;
/əʊ/ as in *know*, and *although*, and *flow*;
/aʊ/ as in *now*, and *cow*, and *house*.

## *Consonants* (da esquerda para a direita) 🔘 3

| p | b | t | d | tʃ | dʒ | k | g |
|---|---|---|---|----|----|---|---|
| f | v | θ | ð | s | z | ʃ | ʒ |
| m | n | ŋ | h | l | r | w | j |

/p/ as in *pool, please* and *important*;
/b/ as in *beach, butterfly* and *rubber*;
/t/ as in *teacher, two* and *bottle*;
/d/ as in *dear, dinosaur* and *folder*;
/tʃ/ as in *teacher, chalk* and *church*;
/dʒ/ as in *James, judge* and *gem*;
/k/ as in *cook, fork* and *talk*;
/g/ as in *good, dog* and *August*;
/f/ as in *fine, enough* and *pharmacy*;
/v/ as in *very, of* and *average*;
/θ/ as in *thank, thought* and *fourth*;
/ð/ as in *though, mother* and *this*;
/s/ as in *super, basic* and *exception*;
/z/ as in *zebra, Xerox* and *example*;
/ʃ/ as in *she, conscience* and *ash*;
/ʒ/ as in *usual, casual* and *garage*;
/m/ as in *man, dream* and *academy*;
/n/ as in *no, information* and *innovation*;
/ŋ/ as in *king, going* and *think*;
/h/ as in *house, he* and *ahead*;
/l/ as in *love, tall* and *illogical*;
/r/ as in *red, car*[13] and *credit*;
/w/ as in *water, wine* and *we*;
/j/ as in *university, uniform* and *computer*.

---

13  Especialmente – mas não exclusivamente – em inglês americano.

> **Importante:** *alofones*
>
> A língua inglesa é falada ao redor do mundo, principalmente por falantes não nativos. Dessa forma, é impossível dizer que todos os falantes de inglês pronunciam determinado som da mesma maneira. Observe, por exemplo, que não existe apenas uma maneira de pronunciarmos o som /p/. Diferentes falantes, de diferentes regiões do globo, podem pronunciá-lo de maneira ligeiramente diferente, e igualmente correta. Ele pode ser levemente diferente, ainda, em diferentes palavras da língua.
>
> Tome as palavras *pool* e *please* como exemplos. Embora o primeiro som das duas palavras seja /p/, ele não é exatamente idêntico em ambas. Devido à influência do próximo som na palavra, /u:/, o /p/ de *pool* é levemente mais arredondado do que o /p/ de *please*, que é um pouco mais aberto devido à influência do som /l/ que vem em seguida. Nos dois casos, no entanto, e apesar da pequena diferença entre eles, representamos os sons com o símbolo /p/, e dizemos que as duas pequenas variações são **alofones** do som /p/.

## A posição dos sons na tabela

O posicionamento dos diferentes símbolos na tabela de fonemas não é, como você pode ter percebido, arbitrário. Olhemos cada uma das partes dela.

### Monophthongs

| iː | ɪ | ʊ | uː |
|---|---|---|---|
| e | ə | ɜː | ɔː |
| æ | ʌ | ɑː | ɒ |

De cima para baixo, você percebe que há progressivamente uma maior abertura da boca. Para você ir do som /iː/ para /æ/, por exemplo, ou do som /uː/ para /ɒ/, há claramente uma abertura maior de sua boca. Da esquerda para a direita, no entanto, o que você percebe ao ir do som /iː/ para /uː/ é um movimento da língua para trás, o mesmo acontecendo na mudança dos sons /æ/ para /ɒ/.

Em outras palavras, os monotongos podem ser abertos (*open*), médios (*mid*) ou fechados (*close*) com relação à abertura da boca; e podem ser frontais (*front*), centrais (*center*) ou traseiros (*back*) com relação à posição da língua na boca. Podemos dizer, portanto, que o som /i:/ é uma vogal frontal e fechada (*front close vowel*), ao passo que o som /ɒ/ é uma vogal traseira e aberta (*back open vowel*), e assim por diante.[14]

## *Diphthongs*

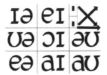

Com relação aos **ditongos**, a organização se dá por terminação: na primeira coluna vemos que os três fonemas terminam em /ə/; na segunda coluna, terminam em /ɪ/; na última coluna terminam em /ʊ/. Simples assim!

## *Consonants*

No caso dos **sons consonantais**, o posicionamento dos símbolos também não é acidental. Vamos estudá-los linha por linha:

- **Na primeira linha**,

p | b | t | d | tʃ | dʒ | k | g

temos todos os sons que dependem de algum tipo de obstrução completa da passagem do ar durante sua produção. Por exemplo, no som /p/, obstruímos completamente a passagem do ar com os lábios, e em seguida o deixamos "escapar". O mesmo acontece – ainda que em diferentes partes da

---

14   Os termos em português neste capítulo são apenas traduções, e não necessariamente os termos usados na fonologia do nosso idioma.

boca – com todos os sons até o /g/. Dizemos então que essa primeira linha é a dos sons **plosivos** (*plosive*).

- **Na segunda linha**,

$$f \mid v \mid \theta \mid ð \mid s \mid z \mid ʃ \mid ʒ$$

temos os sons em que ocorre **fricção** na passagem do ar. Não a bloqueamos completamente em nenhum momento, mas a dificultamos. Experimente, por exemplo, produzir os sons /f/ e /ʃ/. No primeiro, o lábio inferior junta-se aos dentes superiores para dificultar a passagem do ar; no segundo, essa fricção é provocada pela união da língua com o palato (céu da boca). Por conta da ocorrência de fricção, estes sons da segunda linha são chamados **fricativos** (*fricative*).

Ainda nas primeiras duas linhas,

$$\begin{array}{c|c|c|c|c|c|c|c} p & b & t & d & tʃ & dʒ & k & g \\ f & v & \theta & ð & s & z & ʃ & ʒ \end{array}$$

notamos mais uma importantíssima relação entre os diversos sons. Em ambas as linhas, os sons podem ser considerados em pares, sempre da esquerda para a direita. Em cada um desses pares, a única diferença entre os sons é a vibração ou não das cordas vocais (voz). Peguemos, por exemplo, o par /f/ e /v/, logo no início da segunda linha.

Para produzir o som /f/, temos o ar, a fricção provocada pelo encontro do lábio inferior com os dentes superiores, e mais nada. Em outras palavras, o som /f/ é feito apenas com o ar sendo expelido e a fricção provocada por lábio e dentes. Para a produção do som /v/, no entanto, precisamos de mais um elemento: a **voz**. Você percebe facilmente que seu lábio inferior e seus dentes superiores estão exatamente na mesma posição para a produção do /v/, e é a vibração das cordas vocais (a ativação da voz) que o diferencia do /f/.

Você observará o mesmo fenômeno entre /p/ e /b/, /t/ e /d/, /tʃ/ e /dʒ/, e todos os outros pares de sons nas primeiras duas linhas dos sons consonantais. Os sons "da esquerda" não são produzidos com voz, enquanto os "da direita" dependem dela. Fora a questão da voz, os sons são idênticos com relação aos movimentos necessários na boca para produzi-los. Chamamos, portanto, os sons "da esquerda" (/p/, /t/, /tʃ/, /k/, /f/, /θ/, /s/ e /ʃ/) de *unvoiced* ou *voiceless* (sem voz, ou surdos). Já os sons "da direita" (/b/, /d/, /dʒ/, /g/, /v/, /ð/, /z/ e /ʒ/) são chamados de *voiced* (com voz, ou sonoros). Esse conceito de *voz* será muito importante ao final deste capítulo quando falarmos, por exemplo, da pronúncia dos verbos regulares no passado em inglês.

Para perceber se um som é *voiced* ou *unvoiced*, basta pressionar um ou dois dedos contra a parte lateral de seu pescoço e perceber a vibração (ou não) das cordas vocais. Caso haja vibração (tente, por exemplo, com o som /v/) trata-se de um som *voiced*. Caso não haja (como você perceberá em /f/), o som é *unvoiced*. Também funciona, e é muito mais divertido, colocar a mão sobre a cabeça e perceber a presença ou ausência de vibração enquanto executa os sons. Evite fazer isso em público!

- **Na terceira linha** das consoantes,

**m | n | ŋ | h | l | r | w | j**

começamos com três sons plosivos – /m/, /n/ e /ŋ/ – seguidos pelo fricativo /h/, o lateral /l/, e, finalmente, por /r/, /w/ e /j/. Todos os sons dessa linha, à exceção de /h/, são *voiced*.

Os três primeiros fonemas da terceira linha – /m/, /n/ e /ŋ/ – são sons nasais, pois na produção deles o ar é expelido pela cavidade nasal. (Tente produzi-los tampando o nariz!) O fonema /l/ – bastante difícil para o falante brasileiro em geral, o professor aí incluído – é, como disse acima, lateral. Isso significa dizer que, em sua produção, a ponta da língua toca a parte de trás dos dentes, bloqueando a parte central da boca. O ar então "escapa" pelos lados da língua, dando nome ao som.

Finalmente, os fonemas /r/, /w/ e /j/ são *approximants*, ou *aproximantes*. Isso significa que as partes da boca envolvidas na produção deles se aproximam mas não se tocam. No som /r/, por exemplo, a ponta da língua aproxima-se do céu da boca, do palato, mas não o toca. No caso do

/w/, o mesmo acontece com os lábios. Para produzir o som /j/, usamos novamente a língua e o palato, com a diferença de que usamos a parte mais central da língua.

## Inglês americano

A tabela de fonemas do inglês americano é um pouco diferente da britânica, e conta com apenas 40 sons. No entanto, tudo que foi estudado anteriormente sobre o posicionamento dos fonemas na tabela segue valendo aqui.

| i | ɪ | ʊ | u | eɪ | ɪə | ː |
|---|---|---|---|---|---|---|
| e | ə | ɜr | ɔ | ɔɪ | oʊ | |
| æ | ʌ | ɑ | aɪ | aʊ | | |
| p | b | t | d | tʃ | dʒ | k | g |
| f | v | θ | ð | s | z | ʃ | ʒ |
| m | n | ŋ | h | l | r | w | j |

*Tabela de fonemas - inglês americano*

A tabela de fonemas do inglês americano é dividida nas mesmas partes que a britânica, com algumas pequenas diferenças:

***Monophthongs***
. . . . . . . . . . . . . . . . . . . . . . . . . . . . . . . . . . . . . . . . . . . . . . . . .

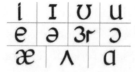

- os sons /i/[15], /u/, /ɜr/, /ɔ/ e /ɑ/ não contam com o símbolo ":" por uma questão de convenção, o que não necessariamente significa que soem diferente em inglês americano.

---

15   Usaremos aqui neste trabalho sempre o símbolo /i:/ para representar este som.

- o som /ɒ/, como nas palavra *hot* /hɒt/, *clock* /klɒk/ e *lot* /lɒt/, não aparece. Em inglês americano o som /ɒ/ não é comumente produzido, e é substituído pelo som /ɑ/[16] - /hɑt/, /klɑk/ e /lɑt/. ⦿4

## Diphthongs

$$\begin{array}{|c|c|} \hline eɪ & \text{ɪə} \\ \hline ɔɪ & oʊ \\ \hline aɪ & aʊ \\ \hline \end{array}$$
(com ʊə e eə)

- os ditongos /ɪə/, /ʊə/, e /eə/ não aparecem, por geralmente não ocorrerem em inglês americano. Palavras como *here*, *cure* e *there* são portanto pronunciadas /hɪə r/, /kjʊə r/ e /ðeə r/ em inglês britânico; /hɪr/, /kjʊr/ e /ðer/ em inglês americano. ⦿5
- o ditongo /əʊ/ é substituído por /oʊ/. Isso significa que as palavras *no*, *go* e *although* são pronunciadas /nəʊ/, /gəʊ/ e /ɔːl'ðəʊ/ em inglês britânico; /noʊ/, /goʊ/ e /ɔl'ðoʊ/ em inglês americano. ⦿6

## Consonants

Não há diferenças quanto aos símbolos que representam os sons consonantais entre as tabelas americana e britânica. Algumas pequenas diferenças relacionadas à produção dos sons podem ocorrer, no entanto, e veremos duas delas, bastante comuns e importantes, a seguir.

O som /t/, em inglês americano, ocorre muitas vezes como *flap*. O *flap*, comumente representado pelo símbolo /ṭ/, soa como os erres da palavra *arara* em português, e não ocorre comumente em inglês britânico. Desta forma, aqueles de pronúncia mais americanizada pronunciariam *letter* como /'leṭər/, enquanto os mais influenciados pela pronúncia britânica diriam /'letər/. É importante perceber que /ṭ/ passa a ser *voiced*, diferentemente de /t/, que é *voiceless*. (Ouça agora a faixa ⦿7 para os exemplos de *letter*, *bottle* e *writing*.)

16  Às vezes também /ɔː/.

Além do som do /t/, a letra r também apresenta diferença de pronúncia entre as duas variedades. Quando a letra r acontece após uma vogal, em inglês americano, ela é geralmente pronunciada /r/, ao passo que em inglês britânico ela normalmente não é pronunciada, havendo em vez do /r/ um alongamento do som da vogal. A palavra car, por exemplo, soa /kɑr/ em inglês americano, e /kɑː/ em inglês britânico. (Ouça agora a faixa ◉ 8 para os exemplos de *car, her* e *more*.)

## Símbolos fonéticos diferentes

Como já dito, as tabelas de fonemas utilizadas neste livro são as criadas pelo autor Adrian Underhill em 1994. Embora tragam, sem a menor dúvida, os símbolos fonéticos mais comumente usados em ELT em todo o mundo, há alguns poucos símbolos que podem ser diferentes em determinados dicionários e livros didáticos, embora representem os mesmos sons.

Dois bons exemplos são os símbolos /e/ e /j/, que, especialmente em fontes americanas, podem ser substituídos pelos símbolos /ɛ/ e /y/. Assim, a palavra *pet*, por exemplo, pode ser transcrita /pɛt/ ou /pet/, e a palavra *you* pode ser transcrita /juː/ ou /yuː/. Em todos os casos, no entanto, a pronúncia das palavras é exatamente a mesma.

> **Importante: inglês americano e/ou britânico?**
>
> Vivemos num país de dimensões continentais, com aproximadamente 200 milhões de habitantes em 27 estados diferentes. Você conseguiria pensar em um *português brasileiro padrão*? Um sotaque que nos representasse a todos? Não, certo? Um paulistano não soa como um fluminense, da mesma forma que um gaúcho não soa como um pernambucano, e assim por diante. Todos, no entanto, nos entendemos.
>
> O mesmo acontece com a tal diferença entre inglês *americano* e *britânico*. Americano de onde? De Nova York? Da Flórida? Ou talvez do Tennessee? Há 50 estados nos Estados Unidos, e mais de 300 milhões de habitantes! No Reino Unido (formado por Inglaterra, Escócia, País de Gales e Irlanda do Norte) há aproximadamente 60 milhões de habitantes, de modo que

é igualmente impossível pensar em *inglês americano padrão* ou *inglês britânico padrão*. Cuidado com essas generalizações!

Não precisamos soar como americanos, ou britânicos, ou australianos. Precisamos, sim, ser compreendidos por americanos, britânicos e australianos. E franceses, argentinos e chineses. E precisamos entendê-los também! Estudamos e ensinamos a língua franca do mundo, e não devemos nos limitar tanto, nem a nossos alunos.

### Sons que não constam da tabela de fonemas

Há ao menos dois sons que acontecem em inglês e que não estão no *phonemic chart*. São eles os sons /x/ e /i/.

O som /x/ é muito raro em inglês, mas pode ocorrer em palavras como *Bach* e *loch*, este último principalmente em inglês escocês. Ele é, no entanto, muito comum em português brasileiro, como nas palavras *rato* e *carro*, e em algumas variedades (entre os fluminenses, por exemplo) também nas palavras *carta* e *mar*. É um som *unvoiced*, parecido com o som /h/. 🔘 9

Já o fonema /i/ é extremamente comum em inglês. É o som que geralmente ocorre quando a letra "y" acontece em final de palavra após uma consoante, como em *study* /ˈstʌdi/, *fidelity* /fəˈdelɪti/ e *really* /ˈriːli/. Se imaginarmos um contínuo com os sons /ɪ/ em uma extremidade e /iː/ na outra, o som /i/ estaria entre eles:

/ɪ/ /i/ /iː/

Perceba, por exemplo, que o "y" da palavra *study*, pronunciado /i/, não soa nem como o "ee" de *sheep* (/iː/) nem com o "i" de *ship* (/ɪ/). 🔘 10

**EXERCÍCIOS**

Agora vá até a página 189 e faça os exercícios relacionados a fonemas. Cheque suas respostas e releia seções sobre as quais ainda tenha dúvidas antes de prosseguir a leitura.

Além disso, antes de continuar, não deixe de assistir ao vídeo do prof. Adrian Underhill explicando como funciona a tabela de fonemas e ensinando todos os sons de maneira muito clara e divertida: https://www.youtube.com/watch?v=1kAPHyHd7Lo (link visitado em 1 mai. 2015).

## Sílabas tônicas (*stress*)

A questão de sílabas tônicas (*stress*) em inglês difere da língua portuguesa, uma vez que o conceito de *stress* em inglês é importante tanto em palavras quanto em frases. Além disso, palavras com várias sílabas podem ter *stress* primário e secundário; ou seja, uma sílaba da palavra é pronunciada de forma mais forte que as outras, mas uma segunda sílaba também pode ser executada com mais força que as demais. Mesmo a falta de força em uma sílaba (ou *unstress*) é extremamente importante nas palavras e frases em inglês.

Vamos olhar cada caso individualmente nas seções a seguir.

### Sílabas tônicas em palavras (*word stress*)

*VEgetable* or *vegeTAble*? *INteresting* ou *inteRESting*? Em dúvida? Neste tópico, vamos abordar a questão das sílabas tônicas (o **stress**) nas palavras em inglês. É bem simples!

**NB:** nos exemplos que acabamos de ver, apenas *VEgetable* é correto, ao passo que ambas as formas de *interesting* são possíveis – e outras mais, dependendo da origem do falante.

Comecemos com uma rápida atividade. Decida se as seguintes palavras – todas com duas sílabas – têm seu *stress* na primeira ou na segunda sílaba. Então, ouça a faixa 🔘 11 do seu CD para checar.

| mother | paper | table | ruler | pencil | coffee | water |

A resposta certa é que todas as palavras do quadro têm seu *stress* na primeira sílaba, o que é mais do que simples coincidência. A maior parte dos substantivos e adjetivos de duas sílabas em inglês têm a primeira sílaba como tônica. Embora essa não seja um *regra* absoluta, e tenha eventuais exceções, é útil para prever a pronúncia de palavras desconhecidas.

## "Regras" de sílaba tônica em palavras em inglês

Como no caso que acabamos de ver, nenhuma destas regras é absoluta, mas todas são bastante úteis:

- **Prefixos e sufixos**: A adição de afixos (prefixos e sufixos) a radicais em inglês geralmente não altera a sílaba tônica do radical. Dessa forma, tomando como exemplo o radical *friend*, todos os derivados dele terão o mesmo *stress*: FRIENDship, FRIENDly, unFRIENDly, FRIENDliness e assim por diante. Outros bons exemplos são *oRIginal, oRIginally, unoRIginal; sucCESS, sucCESSful, sucCESSfully*. (⏵12)
- **Palavras compostas**: Palavras formadas pela combinação de duas palavras têm como sílaba tônica a primeira palavra (ou sua sílaba tônica): *BLACKboard, NOTEbook, MAILman*, e assim por diante. (⏵13)
- **Palavras com duas funções**: No caso das palavras que podem ser tanto substantivos como verbos em inglês, com a mesma grafia, geralmente a sílaba tônica do verbo será a segunda, ao passo que a do substantivo será a primeira. São os casos de: *reCORD* (v) e *REcord* (s); *aDDRESS* (v) e *Address*[17] (s); *preSENT* (v) e *PREsent* (s). (⏵14)

## *Stress* primário e secundário em palavras

A sílaba tônica das palavras em inglês é representada em transcrição fonética pelo símbolo /ˈ/ logo antes da sílaba mais forte. A transcrição da palavra *blackboard*, por exemplo, ficaria assim: /ˈblækˌbɔrd/. (⏵15)

---

[17] O substantivo pode tanto ser pronunciado A*ddress* quanto *a*DDRESS.

No caso de palavras com muitas sílabas, no entanto, podemos ter *stress* primário e secundário, este último representado pelo símbolo /ˌ/. Portanto, a transcrição de *opportunity*, por exemplo, é /ˌɑpˈərˈtuˈnɪ.ti/, tendo a sílaba /tu/ como tônica (*stress* primário), e /ɑ/ como *stress* secundário. (🔘16)

## Unstress

Tão importante quanto o *stress* em inglês é o *unstress*, que é a ausência de força na pronúncia de determinadas sílabas de uma palavra. O *unstress* é geralmente representado graficamente pelo símbolo /ə/, que é o som mais comum da língua inglesa e tem inclusive nome: *schwa*.

Consideremos, por exemplo, a palavra *banana*, escrita exatamente da mesma forma em inglês e português. Ao dizê-la em português, você percebe claramente que, embora a segunda sílaba seja a tônica, as outras duas sílabas também são pronunciadas claramente. Em inglês, no entanto, a despeito de a sílaba tônica também ser a segunda, as outras duas são mais curtas, menos proeminentes, um tanto apagadas. Compare: (🔘17)

As duas sílabas "não tônicas" da palavra *banana* em inglês têm *schwas*: /bəˈnæn.ə/.

Todavia, embora no exemplo *banana* o *schwa* corresponda a duas letras a, qualquer vogal pode soar como *schwa*, como você pode ver em azul nos exemplos a seguir: *independence* /ˌɪn.dɪˈpen.dəns/; *communicate* /kəˈmjuˈnəˌkeɪt/; *support* /səˈpɔrt/. O *schwa* pode, ainda, representar várias vogais ao mesmo tempo, como no caso das palavras *conscious*, *fictitious* e *famous*, respectivamente /ˈkɑnˈʃəs/, /fɪkˈtɪʃˈəs/ e /ˈfeɪˈməs/. (🔘18)

Você deve ter percebido que não temos o *schwa* necessariamente em todas as sílabas "não tônicas" em inglês. No caso de *independence*, por exemplo, o som da segunda sílaba é /ɪ/, e não *schwa*. Não há duvidas, no entanto, que ele é o som da absoluta maioria dos casos de *unstress* da língua inglesa.

> **Importante: contando sílabas em inglês**
>
> Contar sílabas de uma palavra em inglês é bem fácil! A regra é: qualquer palavra em inglês terá o mesmo número de sílabas quanto de sons vocálicos.
>
> Em outras palavras, para cada fonema vocálico você conta uma sílaba na palavra em questão. Lembre-se de que não estamos falando necessariamente das vogais *a, e, i, o, u*, mas dos sons vocálicos (aqueles das três primeiras linhas da tabela de fonemas). Os *diphthongs* contam como uma só vogal e portanto uma só sílaba.
>
> Ex.: *Chocolate* em português tem quatro sílabas, mas em inglês tem apenas duas: /'tʃɑːk.lət/, pois tem apenas dois sons vocálicos. (🔊 19)

## Sílabas tônicas em frases (*sentence stress*)

A sílaba tônica de uma frase em inglês é extremamente importante, pois tem impacto direto no sentido da frase em questão. No entanto, e diferentemente do português, a falta de *stress* (*unstress*) é igualmente fundamental para a fluência e a naturalidade de uma frase em inglês.

### Sílaba tônica primária *(primary stress)*

Considere os exemplos a seguir:

» *Can you please open the WINdow?*

Aplicando o *stress* principal (*primary stress*) à primeira sílaba de *window* na frase que acabamos de ver, o falante pede corretamente, como se espera, a seu interlocutor que abra a janela. É uma pergunta neutra.

» *Can you please open the window?* (🔊 20)

Nesse segundo exemplo, ao aplicar o *stress* principal da frase à palavra *please*, a ideia que se transmite é a de que a pergunta já havia sido feita anteriormente, mas sem resposta. Usar o *stress* principal da frase dessa forma, no caso de ser a primeira vez que a pergunta é feita, pode fazer com que o interlocutor, baseado apenas nesta escolha infeliz de sílaba tônica, tenha a impressão de que o falante está sendo rude. Um mal-entendido causado por conta de um erro de pronúncia.

Podemos, no entanto, alterar o *primary stress* de uma frase para alterar o sentido dela propositalmente, como você pode ver nos exemplos a seguir (◉ 21):

» *I haven't told her the TRUTH yet.* (frase neutra)
» *I haven't told her the truth YET.* (ainda não disse, mas direi no futuro)
» *I haven't told HER the truth yet.* (ainda não contei a ela, mas já contei a alguém)

E assim por diante. Ao propositalmente mudar o *primary stress* que daria à frase seu significado neutro, estamos mudando o sentido dela para transmitir uma mensagem diferente.

Resumindo, o *primary stress* de uma frase é a sílaba tônica dela, que será sempre a sílaba mais forte da palavra mais importante para o sentido da frase, ou toda a palavra caso seja monossilábica (casos de *truth*, *yet* e *her* nos exemplos anteriores).

### Sílaba tônica secundária *(secondary stress)* e **unstress** em frases

Para que possamos falar de *secondary stress* e *unstress* em frases, é vital que estudemos primeiro a importante questão das *function* e *content words*.

As palavras gramaticais, ou **function words**, são aquelas que não adicionam muito significado à frase, mas que são fundamentais gramaticalmente. Alguns exemplos de palavras gramaticais são preposições (*in, out, over, under* etc.), artigos definidos e indefinidos (*a, an, the*), adjetivos possessivos (*my, your, her, their* etc.), entre outras.

Já as palavras "de conteúdo" (**content words**) são os verbos, advérbios, substantivos e adjetivos. Essas quatro classes de palavras são as que mais dão significado às frases, tanto assim que você provavelmente seria capaz de entender uma frase que só tivesse *content words*. Tente:

» *go cinema tomorrow.* (verbo + substantivo + advérbio)
» *have ten dollars lend?* (verbo + substantivo + substantivo + verbo)

É claro que não falamos assim, mas alguém com conhecimento muito rudimentar da língua inglesa conseguiria se comunicar de forma bem básica utilizando apenas *content words*.

## Secondary stress

Façamos um rápido exercício: identifique na frase a seguir seu *primary stress*.

» *My favorite hobby is reading.*

Você provavelmente escolheu a primeira sílaba do verbo *reading*, certo? Afinal de contas, nessa frase sobre seu passatempo favorito, a palavra mais importante é o passatempo em si, *reading*. Logo:

» *My favorite hobby is READing.*

No entanto, você certamente notou, ao dizer a frase, que as palavras *my* e *is* não foram pronunciadas com a mesma força que *favorite* e *hobby*. Sem dúvida, estas duas últimas tiveram mais força, mais proeminência do que as duas primeiras. Essa força maior que as palavras *favorite* e *hobby* têm na frase diz respeito ao **secondary stress**. Não tão forte quanto *READing*, mas nem tão fraco quanto *my* e *is*.

Em azul, no próximo exemplo, temos o *primary stress* da frase, e em **negrito** os **secondary stresses**.

» *My **fa**vorite **ho**bby is READing.* (🔘 22)

Recapitulando, o adjetivo *favorite* e o substantivo *hobby*, ainda que não recebam o *primary stress* da frase, são *content words*, e portanto fundamentais para o sentido dela. Por conta disso, possuem *secondary stress*; não são, como dito antes, nem tão fortes quanto *READing* (*primary stress*) nem tão fracas como *my* e *is* (*unstress*).

## Unstress
・・・・・・・・・・・・・・・・・・・・・・・・・・・・・・・・・・・・・・・・・・・・

Já foi dito, no início desta seção, que *unstress* (ausência de força na pronúncia de determinadas sílabas) em inglês é tão importante quanto o *stress*. Vamos estudar agora esse fenômeno em frases.

A língua inglesa não é uma língua silábica como o português brasileiro, e o tempo que levamos para dizer uma frase em inglês não depende necessariamente do número de palavras que ela tem. Vejamos a seguir o que isso quer dizer:

» Girls like to shop.
» The girls like to shop.
» The girls will like to shop. (🔘23)

Nesses exemplos, você percebe que a adição de palavras à sentença original não faz com que levemos mais tempo para dizer as duas novas frases – ou ao menos não deveria. A frase original tem três *content words* (*girls*, um substantivo; *like*, um verbo; e *shop*, outro verbo). As palavras acrescentadas são ambas *function words* (*the*, artigo definido; *will*, verbo modal auxiliar). Logo, percebemos que a adição de *function words* (que são, como vimos, *unstressed*) não deixa a sentença mais longa no que diz respeito à fala, apenas à escrita. O que acontece às vezes é que nós, falantes de português brasileiro como primeira língua, por estarmos acostumados com uma língua silábica, acabamos exagerando a força com que dizemos essas palavras e sílabas, e o resultado é falta de fluidez (fluência) e sotaque.

Nos exemplos a seguir, no entanto, você perceberá que as frases ficam necessariamente mais longas pela adição de mais palavras. Qual a diferença?

» Girls like to shop.
» Young girls like to shop.

» Young girls really like to shop. (●24)

Percebeu a diferença? Nesses exemplos, as palavras adicionadas foram *young* e *really*, respectivamente um adjetivo e um advérbio. Ou seja, *content words*. Como já vimos, *content words* terão sempre ao menos *secondary stress*, o que significa que a adição delas à frase necessariamente fará que levemos um pouco mais de tempo para dizê-la.

Olhemos novamente as *function words* do primeiro exemplo: *the*, *will* e *to*. Isoladamente, por exemplo, as duas últimas palavras seriam pronunciadas /tu/ e /wɪl/. Em uma frase, no entanto, elas têm suas vogais reduzidas para *schwa*, /ə/, e ficam portanto mais curtas, menos proeminentes. A palavra *the* também será pronunciada com /ə/.

» Logo, a frase *The girls will like to shop* é falada assim: /ðəgɜːlzwəlaɪktəʃɑːp/ (●25)

Você pode perceber que todas as *function words* tiveram suas vogais reduzidas para /ə/. Além disso, o fonema /l/ de *will* juntou-se ao fonema /l/ de *like*, de modo que em vez de dois fonemas temos apenas um /l/. Esse é um exemplo de como os sons se conectam em frases, ou *connected speech*, que será nosso próximo assunto.

**EXERCÍCIOS**

Agora vá até a página 191 e faça os exercícios relacionados a *stress*. Confira suas respostas e releia seções sobre as quais ainda tenha dúvidas antes de seguir a leitura.

E seja curioso! Procure na internet (Google, YouTube) vídeos de professores explicando questões de *stress* em inglês e aprofunde seus conhecimentos. *Curiosity did NOT kill the cat!*

## Sons que se ligam (*connected speech*)

Vamos começar esta parte da nossa conversa sobre pronúncia com uma música, *93 million miles*, do cantor americano Jason Mraz.

Ouça a canção no link a seguir e faça a atividade proposta: https://www.youtube.com/watch?v=bcQwIxRcaYs (link visitado em 1 mai. 2015)

**ATIVIDADE:** O que acontece com a pronúncia das partes em negrito na letra aqui transcrita? Não se preocupe com terminologia, apenas observe como estas partes soam diferentes se compararmos como Mraz as canta e como as pronunciaríamos isoladamente.

*93 million miles from the sun*
*People ge**t** ready, ge**t** ready*
*'Cause **h**ere i**t** comes, it's a light*
*A beautifu**l l**ight, over the horizon*
*Int**o o**ur eyes*
*Oh, my, my, how beautiful*
*Oh, my beautiful mother*
*She tol**d** me, so**n**, **i**n life you're gonna go far*
*If you d**o i**t right, you'**ll l**ove where yo**u a**re*
*Jus**t** know, wherever you go*
*You ca**n a**lways come home*

*240 thousand mile**s f**rom the moon*
*We've come a long way to belong **h**ere*
*To share this view of the night*
*A glorious night*
*Over the horizon is another bright sky*
*Oh, my, my, how beautiful,*
*Oh, my irrefutable father*
*He tol**d** me, son, sometimes i**t** may seem dark*
*But the absence of the light i**s a** necessary part*

*Jus**t** know, you're never alone,*
*You ca**n a**lways come back home*
*Home*
*Home*
*You ca**n a**lways come back*

*Every roa**d** **is** a slippery slope*
*But there is always a hand tha**t y**ou can hold on to*
*Looking deeper through the telescope*
*You can see tha**t y**our home's inside of you*

*Jus**t** know, that wherever you go,*
*No, you're neve**r a**lone,*
*You wil**l a**lways ge**t** back home*
*Home*
*Home*

*93 million miles from the sun*
*People ge**t** ready, ge**t** ready*
*'Cause **h**ere i**t** comes, it's a light*
*A beautifu**l l**ight, over the horizon*
*Int**o o**ur eyes*

Utilizaremos essa canção para analisar os mais importantes fenômenos que ocorrem em *connected speech* em inglês. Você percebe, por exemplo, que em *beautiful light* e *son, in life*, na canção, não há pausa alguma entre os sons em azul, e sim uma ligação direta entre eles. Veja a seguir outros fenômenos de *connected speech* em inglês.

## Sons que desaparecem (*elision*)

Você deve ter percebido muitas coisas interessantes ao ouvir a canção. No segundo verso, por exemplo – *People ge**t** ready, ge**t** ready* –, você provavelmente percebeu que Mraz não pronuncia o som /t/ da palavra *get*. Este desaparecimento de um som em *connected speech* se chama *elision* (elisão).

Sons <u>consonantais</u> são elididos (desaparecem) em *connected speech*, e os mais comuns são /t/ e /d/. Por exemplo na frase *I don't know* você normalmente não pronunciará o /t/ de *don't*. Outros sons, no entanto, também podem ser elididos. Vejamos, agora, em azul, outros exemplos de *elision* que ocorrem na canção:

» *'Cause **h**ere i**t** comes, it's a light* – os sons /h/ da palavra *here* e /t/ da palavra *it*.
» *She tol**d** me, son, in life you're gonna go far* – o som /d/ da palavra *told*.
» *Jus**t** know, that wherever you go* – o som /t/ da palavra *just*.
» *We've come a long way to belong **h**ere* – o som /h/ da palavra *here*.
» *He tol**d** me, son, sometimes i**t** may seem dark* – os sons /d/ da palavra *told* e /t/ da palavra *it*.
» *You will always ge**t** back home* – o som /t/ da palavra *get*.

## Sons que aparecem (*intrusion*)

Talvez você tenha notado – este fenômeno talvez não seja tão fácil de perceber – que alguns sons que não acontecem em nenhuma das palavras isoladamente "magicamente" apareceram nos versos da canção entre determinadas palavras. Um exemplo:

» *Int**o o**ur eyes*

Considerando as palavras isoladamente temos: 🔘 26

- into /ˈɪn.tuː/
- our /aʊɚ/
- eyes /aɪz/

Na frase, no entanto, e você pode ouvir claramente na música, há a adição do som /w/ entre as palavras *into* e *our*. Assim, temos /ˈɪn.tuːwaʊɚaɪz/.

Isso acontece para facilitar a conexão entre os sons /u:/ e /a/, de modo a evitar a pausa que ocorreria entre eles sem a adição do som /w/.

Além do som /w/, outros dois sons que "aparecem" entre outros para facilitar a pronúncia de frases são /r/ e /j/. Vejamos exemplos:

» *He is 35 years old* – Isoladamente teríamos /hi:/ e /ɪz/. No entanto, para que a pronúncia das duas palavras seja mais rápida e suave, inserimos o som /j/ entre as duas palavras: /hi:**j**ɪz/. 🔘 27
» *Th**ere are** 25 students in this classroom.* – Este fenômeno é mais frequente em inglês britânico, em que, como vimos, os falantes tendem a não pronunciar o *r* que acontece após vogais, como por exemplo em *car* /kɑ:/.

Na frase-exemplo, a palavra *there*, que isoladamente é pronunciada /ðeə/, será pronunciada /ðeər/, para facilitar a ligação dos sons. Desta forma, *there are* será pronunciado /ðeərɑ:/. 🔘 28

A tabela a seguir o judará a entender quando os sons /w/, /j/ e /r/ "aparecem":

| Som que aparece | Quando pode aparecer | Exemplos |
| --- | --- | --- |
| /w/ | Entre palavras que terminam nos sons /u:/, /əʊ/ *BrE*, /oʊ/ *AmE* e /aʊ/ e palavras que começam com um som vocálico. | Into our eyes /ɪn.tu:**w**aʊɚ/ No, I don't. /noʊ**w**aɪ/ How are you? /haʊɑ:r/ |
| /j/ | Entre palavras que terminam nos sons /i:/, /ɪ/, /eɪ/, /ɔɪ/ e /aɪ/ e palavras que começam com um som vocálico. | He is /hi:**j**ɪz/. He asked me a question. /hi:**j**æskt/ We play all the time. /pleɪ**j**ɑ:l/ |

| | | |
|---|---|---|
| /r/ | Entre palavras que terminam nos sons /ɔː/ e /ə/ e palavras que começam com um som vocálico (principalmente em sotaques *non-rhotic*, que tendem a não pronunciar o "r" após vogais). | The <u>idea is</u>... /aɪdɪərɪz/<br>The <u>door opened</u>...<br>/dɔːrəʊ.pənd/ |

Adaptado de The TKT Course: KAL (CUP, 2012)

## Sons que mudam – assimilação (*assimilation*)

O fenômeno chamado *assimilação* ocorre com bastante frequência em inglês, e consiste na alteração do som consonantal final de uma palavra para um outro, de modo a criar uma ligação mais natural com o primeiro som também consonantal da palavra seguinte. Dois exemplos na música de Jason Mraz:

*But there is always a hand tha**t y**ou can hold on to*
*[...]*
*You can see tha**t y**our home's inside of you*

Nos dois exemplos, as palavras *that* e *you* (ou *your*) não são pronunciadas /ðæt/ e /ju/ (ou /jɔːr/). O que acontece é que o som /t/ de *that* une-se ao som /j/ de *you(r)*, e juntos formam o som /tʃ/. Na canção, portanto, *that you* e *that your* são pronunciados /ðætʃu/ e /ðætʃɔːr/, respectivamente. ⏺29

Há várias outras assimilações comuns em inglês, como veremos a seguir (adaptado de *Sound Foundations*):

- /t/, /d/ e /n/ antes de /p/, /b/ e /m/:
  » <u>in b</u>etween – /n/ de *in* é pronunciado como /m/ (perceba como a ponta de sua língua não vai até atrás dos dentes como normalmente iria para a produção do fonema /n/. Isso ocorre por influência do som /b/ de *between*)

- » cold beverage – /d/ de *cold* é pronunciado como /b/ (não há a produção do som /d/ com a ponta da língua atrás dos dentes superiores)
- » ten men – /n/ de *ten* é pronunciado como /m/ (aqui é o /n/ que não é produzido, transformando-se em /m/) ◉ 30

- /d/ pode mudar para /g/:
- » good girl – /d/ de *good* é pronunciado /g/ ◉ 31

- /s/ pode mudar para /ʃ/ e /z/ pode mudar para /ʒ/ quando a próxima sílaba começa com /j/ ou /ʃ/:
- » this year – o /s/ de *this* é pronunciado /ʃ/, resultando em /ðɪʃjɪr/
- » these shoes – o /z/ final da palavra *these* é pronunciado /ʃ/, e *these shoes* é então pronunciado /ðiːʃʃuːz/ ◉ 32

- som pode passar de *unvoiced* para *voiced*:
- » *use* é pronunciado /juːz/; *used to*, no entanto, pronuncia-se /juːstə/
- » *have* é pronunciado /hæv/; *have to*, todavia, pronuncia-se /hæftə/ ◉ 33

- /d/ e /j/ podem se juntar para formar /dʒ/:
- » Muito comum quando se pronuncia, por exemplo, **Do y**ou come here a lot? assim: /dʒuː/ ◉ 34

Ao aprofundar seus estudos de *connected speech*, você verá que há vários outros fenômenos que acontecem quando as palavras da língua inglesa se encontram na fala.

### EXERCÍCIOS

Agora vá até a página 192 e faça os exercícios relacionados a *connected speech*. Lembre-se de corrigir os exercícios no final, e não deixe de ler novamente seções sobre as quais ainda tenha dúvidas antes de seguir em frente.

Não deixe de ler e pesquisar mais sobre *connected speech*!

## Entonação (intonation)

Entonação é o termo usado para descrever como o volume da voz aumenta ou diminui para dar sentido ao que se diz. Observe a seguinte pergunta em inglês:

*What's your name?*

Onde sua voz é mais alta? Onde é mais baixa?
Provavelmente você percebeu que começa a frase falando mais alto do que quando a termina. Em outras palavras, essa pergunta tem um padrão de entonação que chamamos de *falling intonation*, no qual o volume da voz (*pitch*) começa mais alto e termina mais baixo.

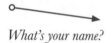

*What's your name?*

Imagine, agora, que você conheceu alguém numa festa, perguntou seu nome, mas depois de algum tempo de conversa já não se lembra mais qual era. Você pergunta novamente:

*Sorry, what's your name?*

A entonação seria a mesma ou você diria a frase de maneira diferente?
Você provavelmente notou que, neste contexto específico, você faria a pergunta assim:

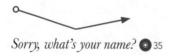

*Sorry, what's your name?* ⦿ 35

Você começaria novamente com um *pitch* mais alto, ele diminuiria no meio da pergunta e tornaria a subir no final, de maneira bastante diferente da primeira vez em você fez a pergunta de maneira mais neutra. Essa variação de entonação mostra muito claramente a seu interlocutor que você entende que já havia feito a pergunta antes, mas se esqueceu da resposta e por isso está perguntando de novo. A este padrão de entonação damos o nome de *fall-rise*.

Alguns pontos gramaticais têm regrinhas de entonação que, embora não absolutas, podem ajudar você e seus alunos a soar de modo mais natural quando falam inglês.

- Perguntas com *what, who, where* etc.: *falling intonation*. Veja os exemplos: ⊙ 36

*What time is it?*

*Where do you live?*

- Perguntas com apenas duas respostas possíveis, como *yes/no*: *rising intonation*. Exemplos: ⊙ 37

*Are you ready?*

*Have you seen this?*

- Afirmações e imperativos: *falling intonation*. Exemplos: ⊙ 38

*He is a Brazilian teacher.*

*Open the door.*

- Question tags:
» Esperando confirmação: *falling intonation.* 🔊 39

*It's cold in London now, isn't it?* (Você já sabe que está frio em Londres.)

» Com menos certeza: *rising intonation.* 🔊 40

*It's probably cold in Manchester too, isn't it?* (Você não está tão certo. Talvez não esteja.)

- Listas: *rising, rising, rising, falling intonation.* Exemplo: 🔊 41

*We need to buy lettuce, tomatoes, mayonnaise, ketchup and burgers.*

Embora esta seja apenas uma curta introdução à entonação em inglês, trata-se sem dúvida de uma área muito importante da fonologia do inglês e que deve ser estudada com atenção.

**EXERCÍCIOS**

Agora vá até a página 193 e faça os exercícios propostos sobre *intonation*.

## Dificuldades comuns do professor brasileiro de inglês – pronúncia

Para terminarmos nosso capítulo sobre fonologia do inglês, veja agora uma pequena compilação de algumas dificuldades comuns dos professores brasileiros de inglês com relação à pronúncia da língua. Você encontrará gravações de todas elas em seu CD.

- ***There - their - they're*** – Atenção ao fato de que essas três palavras são pronunciadas exatamente da mesma forma em inglês! Geralmente, professores não têm dificuldade com a pronúncia de *there* /ðer/, então lembre-se sempre que *their* e a contração *they're* (de *they are*) devem ser pronunciadas exatamente da mesma forma. 🔊 42
- ***Your - you're*** – Como no caso anterior, também são pronunciadas da mesma forma, /jɔːr/. Sempre. 🔊 43
- **"Th" sounds** – Como vimos na seção de fonemas, há em inglês consoantes **voiced** e **unvoiced**. No caso específico dos *"th" sounds*, há um de cada: um **voiced**, /ð/, como em *mother*, *this* e *although*; e um **unvoiced**, /θ/, como em *thanks*, *three* e *thought*. 🔊 44
- **Minimal pair /ɪ/ and /iː/** – Os sons /ɪ/ and /iː/ são muito comuns em inglês e difíceis para o falante de inglês brasileiro, podendo causar confusão no ouvinte quando utilizados incorretamente. Uma maneira de se lembrar da diferença entre eles é pensar que o som /ɪ/ é mais curto, e soa parecido com o *ê* de ***você*** em português. São exemplos desse som as palavras *d**i**d*, *sh**i**p*, *tr**i**p*, ***i**nnocence* e muitas outras. Já o som /iː/ é mais longo, soando parecido com o *í* de ***açaí*** em português, como em *tr**ee***, *l**ea**ve* e *p**ie**ce*. 🔊 45
- **Palavras terminadas em "ey"** – Várias palavras terminadas em "ey" em inglês, sendo *money* provavelmente a mais comum delas, não são pronunciadas com o som /eɪ/, e sim /i/. Dizemos /ˈmʌni/, e não /ˈmʌneɪ/. Outros bons exemplos são *trolley*, *attorney* e *chimney*, respectivamente /ˈtrɑli/, /əˈtɜrni/ e /ˈtʃɪmni/. Há exceções, no entanto, como *survey* /ˈsɜːveɪ/. 🔊 46
- **Palavras terminadas em "ous"** – Essas palavras, como *famous*, *ridiculous* e *delicious*, não terminam com /oʊs/, como se imaginaria. Esta terminação será sempre dita com schwa, de modo que pronunciamos essas três palavras respectivamente /ˈfeɪməs/, /rɪˈdɪkjʊləs/ e /dɪˈlɪʃəs/. 🔊 47
- **A pronúncia do som /l/** – Talvez um dos sons mais difíceis para o brasileiro, o professor inclusive, seja o som da letra "l" quando esta ocorre depois de vogais ou no final de palavras. Para efeito de comparação, em português brasileiro as palavras *auto* e *alto* são quase sempre

ditas exatamente da mesma forma, não havendo diferença de pronúncia entre as letras "u" e "l". Isso não acontece em inglês.

Nas palavras *will*, *goal* e no nome *Bill*, por exemplo, a letra "l" é sempre pronunciada /l/, com a ponta da língua tocando a parte de trás dos dentes superiores. Dizemos, portanto, /wɪl/, /goʊl/ e /bɪl/. Desta forma, a diferença entre o verbo *go* e o substantivo *goal* é apenas o som /l/: goal /goʊl/; go /goʊ/.

O som /l/ também acontece quando a letra "l" ocorre no meio de palavras, como em *cold*, *help* e *old*, pronunciados respectivamente /koʊld/, /help/ e /oʊld/. Acontece ainda em palavras terminadas em "le", como *bundle* /ˈbʌn·dəl/, *Google* /ˈguːgəl/, e *kettle* /ˈketəl/.

Note, contudo, que várias palavras em inglês têm o "l" mudo, como são os casos de *walk* /wɔːk/, *salmon* /ˈsæmən/ e *half* /hæf/. ⊙ 48

- **Pronúncia do –ed final (verbos regulares no passado)** – Há três maneiras diferentes de pronunciarmos o –ed final em inglês: /d/, /t/ e /ɪd/. Para sabermos qual das três formas usar, basta que identifiquemos o último som do verbo em sua forma no infinitivo.

Caso o último som do verbo no infinitivo seja um som ***voiced***, a pronúncia do –ed final será **/d/**, com o "e" completamente mudo. É o caso, por exemplo, de *arrive*. O último som do verbo no infinitivo é /v/, *voiced*, e portanto o passado do verbo será pronunciado /əˈraɪvd/. Outros exemplos: *loved* /lʌvd/, *called* /kɔld/, *tried* /traɪd/, *played* /pleɪd/, *formed* /fɔrmd/.

Caso o último som do verbo no infinitivo seja um som ***unvoiced***, a pronúncia do –ed final será **/t/**, também com o "e" completamente mudo. Um exemplo deste caso é *work*. O último som desse verbo no infinitivo é /k/, *unvoiced*, e o passado do verbo será portanto /wɜrkt/. Outros exemplos: *laughed* /læft/, *watched* /wɑtʃt/, *danced* /dænst/, *wished* /wɪʃt/, *stopped* /stɑpt/.

Finalmente, nos casos em que o verbo regular no infinitivo termina nos sons /t/ e /d/, como em *want* e *need*, a pronúncia do passado do verbo será **/ɪd/**, com o "e" sendo pronunciado. Desta forma, os verbos *wanted* e *needed* serão pronunciados respectivamente /ˈwɑntɪd/ e /ˈniːdɪd/. Outros exemplos: *added* /ˈædɪd/, *adapted* /əˈdæptɪd/, *educated* /ˈedʒəˌkeɪtɪd/, *guided* /ˈgɑɪdɪd/, *suggested* /səgˈdʒestɪd/. Perceba como nestes casos, por estarmos adicionando às palavras a vogal /ɪ/, estaremos adicionando uma sílaba a eles. O verbo /wɑnt/, por exemplo, tem apenas uma sílaba, mas sua forma no passado, /ˈwɑntɪd/, tem duas.

Resumindo, só pronunciamos o "e" do –ed quando os verbos regulares no infinitivo terminam em /t/ e /d/. Em todos os outros casos, o "e" será mudo e, por consequência, não haverá alteração no número de sílabas dos verbos. 🔊 49

- **Pronúncia do –ed final em *connected speech*** – A questão da pronúncia do –ed final em inglês, infelizmente, não acaba no que foi dito até aqui. Pense, por exemplo, em como você diria *Eu trabalho lá* e *Eu trabalhei lá* em inglês. Percebeu alguma coisa... esquisita?

Pois é... provavelmente você percebeu que, em discurso conectado (*connected speech*), os dois podem soar exatamente igual!

» *I work there.* /aɪwɜːrkðer/
» *I worked there.* /aɪwɜːrkðer/ 🔊 50

Isso acontece porque a pronúncia do verbo *work* no passado seria /wɜːrkt/, terminando em /t/. Como o primeiro som de *there* é /ð/, e não é fácil pronunciar /ð/ logo após o /t/, costuma-se – num perfeito exemplo de *elision* – não pronunciar o /t/ final do verbo. Neste caso, o –ed desaparece completamente da frase na fala. Interessante, não? Veja outros exemplos:

» *I arrived two minutes too late.* /aɪəraɪvtuːmɪnɪtstuːleɪt/ – Sem o /d/ do passado.
» *I wanted to see that movie.* /aɪwɑntɪtəsiːðətmuvi/ – O "e" é pronunciado, mas o som /d/ não.
» *I've finished doing my homework.* /aɪfɪnɪʃduːɪŋmaɪˈhəʊmwɜrk/ – O /t/ do passado de *finish* não é pronunciado. Aliás, o /v/ de *I've* também não, e pela mesma razão: *elision*. 🔊 51

- **Pronúncia do –s final (plural, 's, terceira pessoa do singular)**
– Como no caso do –ed final, também temos três maneiras de pronunciar o –s final em inglês (que também pode ser –es, –ies e 's ): /s/, /z/ e /ɪz/.

O –s final será pronunciado **/ɪz/** sempre que o som final da palavra sem o –s for /z/ (como *roses* /ˈroʊzɪz/ e *quiz* /ˈkwɪzɪz/); /s/ (como *box* /ˈbɑksɪz/ e *dance* /ˈdænsɪz/); /ʃ/ (como em *wishes* /ˈwɪʃɪz/ e *washes* /ˈwɑʃɪz/); /tʃ/ (como em *teaches* /ˈtiːtʃɪz/ e *beaches* /ˈbiːtʃɪz/); e /dʒ/ (como em *judges* /ˈdʒʌdʒɪz/ e *George's* /ˈdʒɔrdʒɪz/). Note que como estamos adicionando um som vocálico (/ɪ/), estamos portando adicionando uma sílaba às palavras sempre que acrescentamos /ɪz/ (*beach* /biːtʃ/ tem uma sílaba, enquanto *beaches* /ˈbiːtʃɪz/ tem duas, e assim por diante).

Com exceção destes cinco sons – /z/, /s/, /ʃ/, /tʃ/ e /dʒ/ –, o que vale, como com os –ed endings, é saber se o último som da palavra em questão sem o –s é *voiced* ou *unvoiced*.

Quando a palavra terminar em um som *unvoiced*, o –s soará como /s/. São os casos, por exemplo, de *stops* /stɑps/, *books* /bʊks/, *baths* /bæθs/, *laughs* /læfs/; e quando a palavra terminar em um som *voiced*, o –s final terá o som /z/, como em *pens* /penz/, *boards* /bɔrdz/, *calls* /kɔlz/, *bathes* /beɪðz/ e *loves* /lʌvz/. 🔘 52

- **Pronúncia do –s final em *connected speech*** – Assim como acontece com o –ed final, o –s final em inglês também pode mudar bastante em *connected speech*. As razões para que isso ocorra são as mesmas que estudamos na seção sobre *assimilation*. Um exemplo:

*Peter's sister's twenty.* – Tanto em *Peter's* /ˈpiːtərz/ quanto em *sister's* /ˈsɪstərz/ isoladamente a pronúncia do 's seria /z/, afinal acontecem após sons *voiced* (/r/ em ambos os casos). No entanto, como na frase ambos são seguidos de sons *unvoiced* (respectivamente /s/ e /t/), os 's são pronunciados /s/: /piːtərsɪstərstwenti/. 🔘 53

- **Palavras complicadas** 🔴 54**:**
» **Adjective:** Sempre com o *stress* na primeira sílaba: /ˈædʒɪktɪv/.
» **Advanced:** Conforme a regra do –ed final descrita anteriormente, o "e" é mudo, e devido ao fato de o som final no infinitivo ser /s/, o –ed final é pronunciado /t/. A palavra *advanced* deve, portanto, ser pronunciada /ədˈvænst/, com apenas duas sílabas.
» **Basic:** Pronunciada /ˈbeɪsɪk/, com /s/, não /z/.
» **Brother (mother, other, of...):** Em *brother* (e todas essas outras palavras entre parênteses), a pronúncia da letra "o" é /ʌ/ como em *cut*, e não /ɔ/ como em *door*.
» **Certificate:** Não tem /eɪt/ no final. Deve ser pronunciada /sərˈtɪfɪkət/.
» **Clothes**: Tem apenas uma sílaba, e deve ser pronunciada /kloʊðz/ ou /kloʊz/, sendo que a segunda forma, com o *th* mudo, é muito mais fácil, muito parecida com a pronúncia do verbo *close* /kloʊs/ (embora *clothes* termine em /z/ e *close* em /s/).
» **Color:** A primeira vogal soa como o "u" de *cut*, e não como o "o" de *door*: /ˈkʌlər/.
» **Comment**: O *stress* é na primeira sílaba, jamais na segunda: /ˈkɑment/.
» **Course:** Se você pensar em *of course* dificilmente vai errar a pronúncia dessa palavra. É um erro bastante comum que se pronuncie *course* como /kʌrs/, com a mesma vogal de *cut*, quando ela deve ser pronunciada /kɔrs/, com a vogal de *door*.
» **Have to:** *Semi-modal verb* que será pronunciado de maneira diferente da do verbo lexical *have* /hæv/. *Have to* deve ser pronunciado /ˈhæftə/.
» **Interested:** O *stress* é na primeira sílaba: /ˈɪntrəstɪd/.
» **Intermediate:** Um erro comum nessa palavra é pronunciar o final /eɪt/, o que não é o caso. A pronúncia correta é /ˌɪntərˈmiːdiət/, com schwa na sílaba final.
» **Possessive:** Os "ss" não são pronunciados da mesma forma. Na segunda sílaba eles têm som /z/, e na terceira de /s/. Devemos, portanto, dizer /pəˈzesɪv/.

» **Pronunciation** e **pronounce:** O erro comum aqui é pronunciar o substantivo como o verbo. O substantivo *pro**nun**ciation* é pronunciado /prəˌnʌnsiˈeɪʃ(ə)n/, e o verbo *pronounce* se diz /prəˈnaʊns/.
» **Put:** Deve ser pronunciada /pʊt/ como *cook*, e não /pʌt/ como *cut*.
» **Success** e **successful:** *Success* tem duas sílabas; a segunda é a mais forte (*stress*), de modo que *success* se diz /səkˈses/. Conforme discutimos na seção sobre *stress*, a adição de sufixos a radicais em inglês geralmente não altera o *stress* original. Desta forma, *successful* terá exatamente o mesmo *stress* de success, e será portanto pronunciada /səkˈsesfəl/.
» **Used to:** Trata-se, como discutimos no capítulo de gramática, de um *semi-modal verb*. *Used to*, portanto, será pronunciado /ˈjustə/, como um só item, não será pronunciado como o verbo *use*, onde temos /juːz/, com o som /z/.

---

**Importante: Preciso soar como um nativo?**

Não! A ideia de estudar pronúncia para ensiná-la não é, de forma alguma, baseada numa necessidade de soar como um falante nativo. O que realmente importa com relação à pronúncia de uma língua estrangeira é ser comunicativo, ser sempre entendido por quem quer que seja. No entanto, espera-se – com justiça! – mais do professor de inglês do que do aluno de inglês.

Além de ajudar com sua fala, estudar diferentes aspectos da fonologia do inglês capacita o falante (seja ele professor ou aluno de inglês) a **compreender** melhor, a **escutar** mais efetivamente. Em outras palavras, como vimos aqui, seu *listening* melhora muito quando você entende bem os fenômenos fonológicos do inglês.

Estude pronúncia não apenas para falar melhor, mas também – e talvez principalmente – para ouvir melhor!

## Considerações finais e dicas de estudo – pronúncia

Conforme vimos, o estudo da fonologia do inglês é extremamente importante para o professor do idioma, e o é por várias razões. Você fala melhor, escuta melhor, e, por falar e escutar melhor, muito provavelmente tem mais e melhores oportunidades em sua carreira.

Há várias maneiras de seguir seus estudos de pronúncia a partir de agora. Veja três delas.

- Leia muito! Pesquise!

Há diversos excelentes livros que tratam exclusivamente da pronúncia do inglês e, igualmente importante, de como ensiná-la. Uma boa ideia é, por exemplo, quando estiver estudando *connected speech*, tentar ler e pesquisar em diferentes fontes, e de regiões diferentes. O excepcional *Sound Foundations*, por exemplo, fala sobre fonologia de uma perspectiva mais britânica. *English Pronunciation for Brazilians*, por outro lado, descreve uma pronúncia mais americana. *Pronunciation Games*, como o nome sugere, traz uma enorme quantidade de atividades brilhantes para você trabalhar pronúncia com seus alunos e, de quebra, melhorar a sua. (Para mais sugestões de livros, não deixe de ver a bibliografia na página 205.)

Além de livros, há uma enorme quantidade de artigos, textos e vídeos na internet sobre os mais variados aspectos da pronúncia do inglês. Especificamente com relação a vídeos, recomendo os da professora Rachel (https://www.youtube.com/user/rachelsenglish) e os do professor Adrian Underhill (https://www.youtube.com/watch?v=Vm3T5rCp5E0&list=PLbEWGLA-TRxw_2hL5hY164nvHdTpwhEOXC) (links visitados em 1 mai. 2015).

- Exponha-se ao inglês!

A língua inglesa está em todos os lugares e, com um pouquinho de curiosidade e dedicação, *estudar* pronúncia pode ser tão fácil e prazeroso quanto ver um filme em inglês, acompanhar uma série, assistir vídeos no YouTube, no TED (www.ted.com), na internet em geral.

Ao assistir uma entrevista com seu ator favorito, por exemplo, preste atenção a como ele pronuncia determinadas palavras, como liga as palavras em frases, que padrões de entonação ele usa. Enquanto assiste e *nota* os aspectos de sua pronúncia, faça anotações em seu caderninho (e releia-as de vez em quando)! Tente repetir a pronúncia dele! Prepare atividades para usar com seus alunos!

Para terminar, assista muitos vídeos no TED. Caso você não conheça o site, é possível que ele mude sua vida! Lá você encontra vídeos de palestras curtas (entre 3 e 20 minutos) sobre todos os assuntos que possa imaginar. Além de se expor a pronúncia em inglês de regiões variadas do globo (bem como vocabulário e gramática), você ainda aprende sobre educação, astronomia, medicina, arquitetura, economia, física...

- Faça cursos! Forme grupos de estudo!

Não há muitos cursos de pronúncia para professores no mercado, é verdade; mas há alguns... e ótimos! Em São Paulo, onde vivo e trabalho, já há um punhado de bons cursos dedicados a ajudar o professor a melhorar seus conhecimentos de fonologia, sua pronúncia, e a aprender a ensiná-la de maneira mais versátil e eficiente. Há, ainda, para aqueles que não contam com cursos de fonologia em suas cidades, bons cursos online.

Além de cursos, você pode – como mencionado nos capítulos anteriores – formar grupos de estudo com seus colegas professores. Lembre-se que grupos de estudo só funcionam se os encontros forem regulares (todas as terças, ou a cada dois sábados, por exemplo) e tiverem foco. Você pode propor que todos leiam o capítulo de *English Phonetics and Phonology* sobre *complex word stress*, por exemplo, e no dia do encontro do grupo vocês podem discutir os exercícios propostos no final do capítulo, ou tirar eventuais dúvidas com seus colegas.

Agora é com você! E não espere ter tempo para começar a estudar, pois você sabe perfeitamente bem que isso não vai acontecer nunca. Ou você realmente acha que vai ter menos turmas no ano que vem? Ou que vai trabalhar menos no próximo semestre? Não vai! E você precisa melhorar seu inglês agora, e precisa seguir estudando sempre.

A hora de começar é agora.

# Exercícios (*activities*)

## Vocabulário

O que precisamos saber sobre uma palavra / Usando dicionários

1   No texto a seguir, decida qual a *part of speech* das palavras em negrito.

You **might**[a] **think**[b] **he**[c] could have made up his **mind**[d] earlier, and been man enough to tell **the**[e] others of **his**[f] decision. But **Allan**[g] Karlsson **had**[h] **never**[i] been given **to**[j] pondering things too long.

FROM *The Hundred-Year-Old Man Who Climbed out of the Window and Disappeared*, by Jonas Jonasson (p.7).

\_\_\_\_\_ verb     \_\_\_\_\_ noun     \_\_\_\_\_ modal verb     \_\_\_\_\_ determiner
\_\_\_\_\_ pronoun     \_\_\_\_\_ proper noun     \_\_\_\_\_ auxiliary verb
\_\_\_\_\_ preposition     \_\_\_\_\_ definite article     \_\_\_\_\_ adverb

SUGESTÃO DE ESTUDO: E as outras palavras do texto? Decida suas *parts of speech* e confira em um dicionário se acertou todas!

2   Relacione as palavras em negrito no texto com suas definições.

**Seismologists**[a] have warned Japan to stay vigilant for the next "Big One" after a 7.8-magnitude **earthquake**[b] **struck**[c] off the coast of the country, **injuring**[d] a dozen people.

Buildings **swayed**[e] for about a minute in Tokyo on Saturday night as the quake struck at a **remote**[f] spot in the Pacific Ocean 542 miles (874km) south of the capital, the US Geological Survey said.

**Despite**[g] its power, there was no risk of a tsunami as the **epicentre**[h] was 676km below the Earth's **surface**[i], the USGS and the Pacific Tsunami Warning Center said.

Twelve people were injured, including a 56-year-old man who broke his **ribs**[j], but no one was killed, according to a Tokyo fire department official and local media.

FROM *The Guardian*: http://www.theguardian.com/world/2015/may/31/japan-alert-powerful-earthquake

\_\_\_\_\_ (v) to move or swing gently from side to side.
\_\_\_\_\_ (n) the top layer or outside part of something.
\_\_\_\_\_ (v) to hit against, or to crash into, something or someone.
\_\_\_\_\_ (n) a scientist who studies earthquakes.
\_\_\_\_\_ (n) one of the long curved bones that are in your chest.
\_\_\_\_\_ (adj) far away from other cities, towns or people.
\_\_\_\_\_ (n) the area of land directly over the center of an earthquake.
\_\_\_\_\_ (v) to hurt someone or to cause damage to their body.
\_\_\_\_\_ (prep.) used for saying something happens even though something else might have prevented it.
\_\_\_\_\_ (n) a sudden shaking movement of the ground.

Todas as definições retiradas do dicionário *Macmillan* online: www.macmillandictionary.com

SUGESTÃO DE ESTUDO: Traduza as palavras para o português. Além disso, cheque-as no dicionário: São formais? Específicas de alguma região? Finalmente, escreva frases com as novas palavras.

## Word formation / types of meaning

3   Complete as frases com uma forma da palavra entre parênteses. Forme as novas palavras por *affixation*.

A   Organizing a holiday can be a very _____ task. (challenge)

B   His attention to detail in his new book is truly _____. (believe)

C   A survey of 100 _____ companies found that chief executives received on average 175 _____ a year to speak at conferences. (lead, invite)

D   His _____ makes it very difficult for him to work _____ in teams. (flexible, success)

E   The new library went into _____ in April and was very well-received by the public. (serve)

SUGESTÃO DE ESTUDO: Perceba as *collocations*. Por exemplo, o adjetivo que é a resposta da frase b pode ser usado com o advérbio *truly*. Na frase c, vemos que a preposição usada com *average* é *on*, e assim por diante. Escreva frases!

**4   Complete o texto usando formas das palavras entre parênteses. Forme as novas palavras por *affixation*.**

One reason we are able to recognize speech, despite all the acoustic _____ (vary[a]) in the signal, and even in very difficult listening conditions, is that the speech situation contais a great deal of _____ (redundant[b]) – more information than is _____ (strict[c]) necessary to decode the message. The wide range of frequencies found in every _____ (speak[d]) signal presents us with far more information than we need to recognize what is being said. Just some of this information forms the relevant _____ (distinguish[e]) features of the signal – features that have come to be known as *acoustic cues*.

FROM *How Language Works*, by David Crystal (p.46)

SUGESTÃO DE ESTUDO: Que outras palavras você consegue formar a partir das palavras entre parênteses? Forme *word families* com *vary*, *redundant*, *strict*, *speak* e *distinguish*.

## 5 Complete as frases com as palavras do quadro. Elas são exemplos de *blending*, *clipping*, *conversion*, *abbreviations* e *acronyms*.

> ROFLMAO   i.e.   exam   bittersweet   legit   pub   bike   into
> btw   webinar   highlight   asap   telethon   flu   biopic

A  As you read a text in English, _____ interesting words and collocations you come across so that you can check their meanings later.
B  I have _____ memories of my college days. I met some of my very best friends, but I also practically didn't sleep for 5 years!
C  Ilá, can you recommend a good _____ nearby? I'm really thirsty!
D  Have you ever contributed money to a _____? Do you think they're _____?
E  He needs an answer _____, as he'll make his decision based on what you say.
F  A _____, _____, a seminar on the internet, is an inexpensive and effective alternative to costly face-to-face training programs.
G  When she walked _____ the room, he could see she wasn't feeling well. She had the _____.
H  My favorite _____ to date is *A Beautiful Mind*, about the life of the American mathematician John Nash. Russell Crowe's in it, _____.
I  [internet chat] *School of Rock* is hilarious. I was _____ the whole time!
J  I'll go to school by _____ tomorrow, as I can't be late for my _____.

SUGESTÃO DE ESTUDO: Certifique-se de que conhece todas as palavras nas frases desse exercício que acabou de fazer. Você consegue pensar em sinônimos, por exemplo, para *costly*? Para *face-to-face*? Em que contextos podemos usar *btw*?

## 6 Complete cada grupo de três frases com a *mesma* palavra (elas serão *homographs*, mas não necessariamente *homophones*).

A  "Música sertaneja" is not really my _____.
   What's your favorite _____ in *Titanic*? Mine is when the ship sinks!
   There was live coverage from the _____ of the accident.

B  Their new _____ will be a huge hit!
   César Cielo has broken a new _____!
   For training purposes, we _____ all our phone calls.

C  She _____ offense when I said she'd done it all wrong.
   Bruna's one of my greatest friends. When I met her, I _____ to her immediately!
   It _____ me hours to finish my English homework.

D  Teaching on Skype will help you _____ time and money.
   _____ for a miracle, she won't pass her exams. She hasn't studied at all!
   I've been trying to _____ up for a trip to the UK, but it's been really hard.

E  My favorite _____ game is *Monopoly*.
   I've been on the _____ of BRAZ-TESOL for a few months, and it's been an honor!
   Teachers must organize what they write on the _____ better.

SUGESTÃO DE ESTUDO: Todas as palavras que você usou para completar as frases desse exercício são pronunciadas da mesma maneira? Quais suas *parts of speech*? Que outras palavras poderiam ter sido usadas em cada um dos espaços, ainda que não em todos?

## Phrasal verbs e idioms

**7** **Nas frases a seguir, escolha a *particle* que corretamente completa os *phrasal verbs*. Apenas uma das opções é possível.**

A  She takes *to/after/into* her mother. They have the same beautiful green eyes and blonde hair.
B  We came *up/on/over* with a number of great ideas for our halloween party during the meeting.
C  They sat there in silence as I tried to work *in/over/up* the courage to tell them the truth.
D  Next Friday's class has been called *out/off/over* due to the holiday on Thursday.
E  I couldn't make *up/over/out* what she was saying. It was just too noisy in there.

SUGESTÃO DE ESTUDO: *Phrasal verbs* não necessariamente "fazem sentido", ou seja, conhecer as palavras que os formam não garante que você entenderá o que eles significam. Se quiser aprender o que um deles significa, não veja apenas seu significado no dicionário. Escreva frases com eles e reveja suas anotações de vez em quando.

**8** **Corrija as frases a seguir. Todas têm um erro relacionado a *phrasal verbs* e *idioms*.**

A  When she heard about the accident, she went as white like a sheet.
B  If you have difficulty understanding a word, look for it in a good dictionary.
C  I often forget appointments. My memory is as a sieve.
D  Can you look at my dog for a couple of days?
E  After three hours on the road, they arrived home sound and safe.
F  To the most of my knowledge, idioms can sometimes be quite formal.
G  If you think you might forget it, write down it!
H  He divorced her when he found out she'd cheated him.
I  Your promises are not enough anymore. Actions mean more than words.
J  You can't have 14 groups in one semester! You're biting off more than you will chew.

SUGESTÃO DE ESTUDO: Lembre-se sempre que ao mudar qualquer palavra de um *idiom* ou *phrasal verb*, você destrói seu sentido ou o muda completamente. Use-os apenas quando tiver certeza de que o fará da maneira correta.

## Collocations

**9  Leia o texto e complete cada espaço com apenas _uma_ palavra.**

And if Germans do have systematic minds, this is just _____ª likely to be because their exceedingly erratic mother tongue has exhausted their brains' capacity to cope _____ᵇ any further irregularity. English speakers can hold lengthy conversations about forthcoming events wholly in the present tense (I'm flying _____ᶜ Vancouver next week…) without _____ᵈ detectable loosening in their grip on the concepts of futurity. No language – not _____ᵉ that of the most "primitive" tribes – is inherently unsuitable _____ᶠ expressing the most complex ideas. Any shortcomings in a language's ability to philosophise simply boil down _____ᵍ the lack _____ʰ some specialised abstract vocabulary and perhaps a few synctactic constructions, but these can easily _____ⁱ borrowed, just as all European languages pinched their verbal philosophical kit from Latin, which _____ʲ turn lifted it wholesale from Greek.

FROM *Through the Language Glass*, by Guy Deutscher (p.2)

SUGESTÃO DE ESTUDO: Quanto mais você lê, mais *collocations* como essas parecerão óbvias. Leia em inglês todos os dias!

**10  Escolha uma das opções para completar cada uma das lacunas no texto:**

A   Some EU countries have _____ ban on ads promoting toys during children's programs.
    1 a total   2 an utter   3 a sheer   4 a thorough

B   Traffic is such a serious problem nowadays that some cities are almost permanently _____ during the day.
    1 stuffed    2 saturated    3 crammed    4 congested

C   Stress is a major _____ of heart disease and contributes to several other illnesses.
    1 reason    2 motive    3 cause    4 purpose

D   Whenever we read about the natural world today, it is usually to be given dire predictions about its _____ destruction.
    1 coming    2 close    3 imminent    4 nigh

E   An informal survey I _____ among friends at a party last week revealed that eight of them had had their homes broken into more than twice.
    1 called up    2 held with    3 set about    4 carried out

SENTENCES in this activity have been adapted from *Language Practice for Advanced*.

SUGESTÃO DE ESTUDO: Embora palavras possam ter significados muito parecidos (como *total* e *thorough* nesse exercício que você acabou de fazer, por exemplo), elas não "combinarão" necessariamente com as mesmas palavras. Sempre que anotar em seu caderno de vocabulário, digamos, um adjetivo, não esqueça de anotá-lo junto com palavras com as quais ele pode ser usado. Escreva frases!

## Gramática

Verb tenses

1   **Complete as frases a seguir com um dos quatro *past tenses*: *past simple*, *past continuous*, *past perfect* ou *past perfect continuous*.**

A   I _____ (think) about calling her all day long, and right before I _____ (go) to bed I finally _____ (do). She _____ (not be) at home.

B   When he finally _____ (work up) the courage to invite her out, he _____ (get) her wedding invitation in the mail.

C   _____ (you notice) what time it was when you arrived? I _____ (not hear) you open the door, as I _____ (sleep) for hours!

D   When the train stopped at a small station miles from its final destination, it _____ (become) obvious that it _____ (break down).

E   We _____ (clean) the backyard when we _____ (hear) the ominous news.

2   **Complete as frases a seguir com um dos quatro *present tenses*: *Present Simple, Present Continuous, Present Perfect* ou *Present Perfect Continuous*.**

A   Brazilians _____ (read) more and more, I think. I myself read over 30 books last year. How many books _____ (you read) this year so far?

B   This is the first time I _____ (come) here. I _____ (love) it!

C   How long _____ (you teach) English? I _____ (be) a teacher since I was 17 years old.

D   The train to Birmingham _____ (leave) at 8.15 next Tuesday. _____ (you buy) your ticket?

E   She _____ (correct) her students' assigments since 8 this morning. She _____ (correct) their compositions now.

## 3 Complete as frases a seguir com um dos quatro *future tenses*: *Future Simple, Future Continuous, Future Perfect* ou *Future Perfect Continuous*.

A What _____ (you do) next weekend? I _____ (see) the new *Mad Max* movie.

B By the end of the year, we _____ (finish) this course. We _____ (start) a new one in January.

C Come next January, she _____ (work) as a teacher for 3 years.

D I can't have lunch with you tomorrow as I _____ (meet) clients at the same time.

E This time next week, I _____ (sip) piña coladas by the beach in João Pessoa.

## 4 Decida, nas frases a seguir, entre *Present Perfect* e *Simple Past*.

A _____ (see) *Titanic*? _____ (see) it on Telecine last night?

B Agatha Christie _____ (write) over sixty novels. Stephen King, in comparison, _____ (write) over fifty books, but he's still a very prolific writer!

C He _____ (have) four classes today and he still has three more this evening. Yesterday he _____ (have) six classes.

D How many plays _____ (Shakespeare write)? Some suggest he _____ (write) 37 plays, but it's hard to say for sure.

E I _____ (never visit) Amsterdam, but I _____ (always want) to go there. Maybe next year.

Gramática | 183

5 **Complete com a forma mais apropriada dos verbos em parênteses.**

A  Nelson Mandela _____ (spend) 27 years in prison, and after _____ (leave) incarceration he _____ (become) the president of South Africa. It is said he _____ (spend) hours and hours in his cell writing what would one day become *Long Walk to Freedom*, his autobiography. It _____ (publish) in 1995.

B  By the time she finally _____ (get) to work, the meeting she _____ (participate) in _____ (just finish). Traffic _____ (be) terrible that morning, and she _____ (can) avoid _____ (be) late. She _____ (promise) her boss that it _____ (happen) again the next day, when they _____ (have) an even more important meeting.

C  Bono _____ (be born) Paul David Hewson in Dublin, Ireland on May 10, 1960. He _____ (be) the lead singer of the rock band U2 since 1976. U2 _____ (win) 22 Grammy Awards to date, and _____ (induct) into the Rock and Roll Hall of Fame in 2005.

ADAPTED from www.imdb.com

D  In five years' time, I _____ (do) what I do now for 22 years, as right now I _____ (do) it for 17 years. Also, in five years' time I hope I _____ (read) at least another 100 books, and I _____ (see) 200 more films.

E  Sitting quietly in his room in an old people's home, Allan Karlsson _____ (wait) for a party he _____ (not want) to begin. His one-hundredth birthday party to be precise. The Mayor _____ (be) there. The press _____ (be) there. But as it turns out, Allan _____ (not be) there.

ADAPTED from *The Hundred-Year-Old Man who Climbed out of the Window and Disappeared*, by Jonas Jonasson.

SUGESTÃO DE ESTUDO: Há várias maneiras de dizer a mesma coisa em inglês, é claro, e isso também vale para a gramática. Na primeira parte da frase *e* do exercício 5, por exemplo, poderíamos dizer *Allan Karlsson waits*, em vez de *is waiting*. Agora que você terminou as atividades sobre tempos verbais, estude a fundo as áreas com as quais teve mais dificuldade, e faça muitos exercícios. Além disso, preste atenção ao uso de tempos verbais em músicas, séries e filmes que ouvir e vir daqui em diante.

## Modality

**6   Corrija as frases a seguir. Cada uma delas tem um erro com *modal verbs*.**

A   If you're not happy with the way things are, you might speak to her about it and sort it out.

B   I can be at work tomorrow at 7 a.m. at the latest, as I'm having a meeting at 7.15.

C   (...) certainly there may be no reason for us to be taken aback when we encounter such forms [abbreviations] in texting, for we have all seen them before.

FROM *Txting: The Gr8 Db8*, by David Crystal.

D   You must have told me the truth! I made the decision based on a lie!

E   "No, Dan. I'm asking for ten thousand dollars. A one-time payment. You know I had better demand a lot more, what with how much college costs nowadays. So consider yourself lucky."

FROM *The Stranger*, by Harlan Coben.

## Gramática | 185

7 **Todas as frases foram retiradas de contextos reais. Complete as lacunas com o *modal* ou *semi-modal verb* usado no contexto original.**

A  That, in fact, is something he _____ (do) two years ago after the disclosure of his role in silencing a sexual harassment complaint against another lawmaker.

FROM *The New York Times*: http://nyti.ms/1CILctz

B  America's next president _____ (believe) in restoring liberty.

FROM *The Guardian*: http://bit.ly/1FIZxDP

C  "Sepp Blatter _____ (know) about $10m 'bribe' because he knows everything that's going on", says rival Lennart Johansson.

FROM *The Independent*: http://ind.pn/1KOrPkN

D  She smiled a moment and calmly said, "I like your hair, Cameron. I like how it sticks up no matter how hard you try to keep it down. It's the one thing you _____ (hide)".

FROM *Getting the Girl*, by Markus Zusak.

E  Skeptics argue that recovery is impossible from a disorder they view as lifelong. And if the condition is "cured," they say, then it _____ (be) autism to begin with.

FROM *The Washington Post*: http://wapo.st/1Iw66jY

SUGESTÃO DE ESTUDO: Anote dez usos diferentes de *modality* que você encontrar em contextos reais em inglês (vai ser muito fácil, pois verbos modais estão em todos os lugares!). Tente justificar os usos e pense em outros *modal verbs* que também poderiam ser usados nos mesmos contextos. Quais não poderiam? Por quê?

## Conditionals e Passive Voice

**8** **Complete as lacunas com a forma correta dos verbos entre parênteses.**

A What _____ (you do) if you _____ (know) she was in the city last week? _____ (you call) her?

B Do you think you _____ (stop) working if you _____ (win) the lottery? That's not going to happen, however, because you never play it!

C Unless everyone _____ (agree) to arrive earlier every day for a week, we _____ (have) the manpower to prepare the conference.

D When Laís _____ (arrive), we _____ (leave) immediately, OK?

E You _____ (be) a lot thinner now if you _____ (give up) your diet!

F Even if you _____ (swear) to God you'll stop smoking now, I _____ (believe) you. You've promised it so many times before!

G But for my mother's faith in me, I _____ (never become) successful in my career. I owe her everything.

H She _____ (help) you with your algebra on condition that you _____ (be) never late for class again!

I If I _____ (be) you, I _____ (annoy) her so much. You don't want to see her mad.

J Should you _____ (need) any help, please _____ (not hesitate) to ask.

Gramática | 187

## 9 Reescreva cada uma das frases, começando com as palavras em itálico, sem mudar o significado delas.

A   Could you please ask her to call me if you happen to see her?
    *Should* _____?

B   As Neymar was the captain of the national team during the World Cup, he'll probably remain as captain during the American Cup.
    *Given that* _____.

C   She may pass her exams, but she really must study much harder.
    *Provided that* _____.

D   If you use sunscreen properly, you should be OK.
    *As long as* _____.

E   If George W Bush were a candidate for president again, do you think he could win?
    *Supposing* _____?

SUGESTÃO DE ESTUDO: Como estudamos na seção sobre *conditionals* anteriormente, não pense em *conditionals* apenas em termos de *zero, first, second* etc. Há várias outras possibilidades, além de muitas alternativas ao uso de *if*. Estude o assunto em gramáticas e faça muitos exercícios.

## 10 Reescreva as frases a seguir usando *passive voice*.

A   They awarded Daniel Day-Lewis his third Oscar for his sterling performance in *Lincoln*.

_____
_____
_____

B   Terrible noise coming from the construction site has affected homes in the neighborhood for a year now.

C   They stole a number of cars during the New Year's festivities.

D   Researchers concluded that texting did not have any lasting negative effect on language.

E   Many believe that you have to be a "poliglot" in your own language, able to use it in diverse contexts.

F   Embraer manufactures airplanes in Brazil.

G   The Tasmanian writer Richard Flanagan won the Man Booker Prize for fiction in 2014.

H   Quentin Tarantino will write and direct the third installment in the *Kill Bill* trilogy.
_____
_____
_____

I   You should always install the latest version of all the software you use in your computer.
_____
_____
_____

J   Someone must always supervise young children while they use this equipment.
_____
_____
_____

SUGESTÃO DE ESTUDO: Como sempre, estude o ponto gramatical mais a fundo com bons livros de gramática (veja bibliografia comentada na página XX). Faça exercícios e esteja sempre atento ao uso de *passive voice* no "mundo real" (jornais, revistas, livros, filmes etc.).

## Pronúncia

Phonemes

1   **Complete as transcrições com o fonema vocálico que falta. Escreva a palavra ao lado.**

A   /ˈfeɪm___s/ - _____
B   /ˈtiːtʃ___z/ - _____
C   /k___ˈmpjuṭər/ - _____
D   /ˈm___ðər/ - _____
E   /ˈj___ʒuəl/ - _____

## 2 Todas as transcrições a seguir têm um fonema incorreto. Corrija-o.

A  ability - /əˈbələṭi/
B  vegetable - /ˈveʃtəbəl/
C  wonderful - /ˈwændərfəl/
D  these - /ðɪz/
E  candy - /ˈkendi/

## 3 Quais dos fonemas a seguir não pertencem a seus grupos? Por quê?

A  /p/ /t/ /tʃ/ /k/ /ʒ/ - _____
B  /iː/ /ɔɪ/ /ɜː/ /e/ /ʌ/ - _____
C  /f/ /v/ /w/ /θ/ /ð/ - _____
D  /eɪ/ /ɔɪ/ /aɪ/ /aʊ/ /əʊ/ - _____
E  /iː/ /ɜː/ /ə/ /ɔː/ /ɑː/ /uː/ - _____

## 4 Complete as frases abaixo com os adjetivos do quadro para formar *collocations*. Os adjetivos estão na ordem das frases.

| /ˈkɒmpɪtənt/ | /strɔŋ/ | /ɪkˈspres/ |
| /səˈvɪr/ | /ɪnˈvetərət/ |

A  She's one of the most _____ employees this company's ever had.
B  If I am to stay awake for another three hours, I'll need very _____ coffee.
C  I suggest you go to London by _____ train.
D  They faced _____ challenges when he lost his job.
E  She's always been an _____ smoker.

## 5 Transcreva as palavras a seguir.

A  because - /_____/
B  than - /_____/
C  their - /_____/
D  think - /_____/
E  church - /_____/
F  donkey - /_____/
G  butterfly - /_____/
H  color - /_____/
I  certificate - /_____/
J  months - /_____/

DICAS DE ESTUDO: Sempre que tiver um tempinho, pense em algumas palavras comuns em inglês e tente transcrevê-las usando *phonemic symbols*. Cheque as respostas em um dicionário! Além disso, sempre anote palavras em seu caderno de vocabulário com sua *phonemic transcription*.

# Stress

## 6 Sublinhe o *stress* das palavras.

A  vegetable
B  comment (n)
C  comfortable
D  adjective
E  blackboard
F  research (v)
G  success
H  objective
I  exercise
J  clothes

192 | Exercícios (activities)

7   Nas frases a seguir, sublinhe o *primary stress* em azul, o *secondary stress* em preto, e circule o (unstress).

A   Would you like some coffee?
B   She's worked here for ten years.
C   Open the door for me, please.
D   Can I help you, sir?
E   Can you get the children? I'm still at work.

SUGESTÃO DE ESTUDO: Quando assistir filmes e séries, por exemplo, tente repetir algumas frases que você ouve exatamente da mesma forma que as ouve. É uma excelente forma de melhorar seu uso de *stress* em frase de maneira natural e sem pensar tanto na teoria.

## Connected speech

8   **Qual fenômeno de *connected speech* pode ocorrer nas partes sublinhadas nas seguintes frases? Transcreva.**

A   She a_sked_ me to ge_t h_er a glass of water.

B   They didn't finish the game with eleve_n p_layers.

C   We met on a beautiful da_y in_ August las_t y_ear.

D   I want to read another 15 books thi_s y_ear.

E   You mus_t t_ry fish a_nd_ chips nex_t t_ime you're in England!

9   **A seguir você encontrará o primeiro verso de cinco canções conhecidas. Transcreva-os como são cantados.**

A   'Cause baby now we got bad blood.
    *Bad Blood*, Taylor Swift: http://bit.ly/1RZCPkn

B   When your legs don't work like they used to before.
    *Thinking Out Loud*, Ed Sheeran: http://bit.ly/1Eq0GD3

C   At first I was afraid, I was petrified.
    *I Will Survive*, Cake: http://bit.ly/17vkk4a

D   Do you hear me talking to you?
    *Lucky*, Jason Mraz & Colbie Caillat: http://bit.ly/NDvcDb

E   So lately been wondering who will be there to take my place.
    *Wherever You Will Go*, The Calling: http://bit.ly/1iDWwsJ

SUGESTÃO DE ESTUDO: Quem canta, seus males espanta. Além disso, quem canta – e presta atenção ao que canta, e tenta cantar *exatamente* como os artistas que ouve – observa melhoras constantes em sua pronúncia em inglês. Cante muito! (Mais sobre isso no interessantíssimo livro *Aprenda inglês cantando e aprenda a cantar em inglês*, de Carlos e Cris Gontow, da Disal Editora).

## Intonation

**10 Nas sentenças a seguir, decida se a *intonation* é *rising* (R) ou *falling* (F):**

A   What's your address? (   )
B   I've been a teacher for 17 years. (   )
C   I need to buy a notebook (   ), a pen (   ), a pencil (   ) and an eraser (   ).
D   This is really expensive, isn't it? [expecting confirmation] (   )
E   We can start a little later tomorrow, can't we? [not sure] (   )

DICAS DE ESTUDO: Entonação é uma parte bastante interessante do estudo de pronúncia, e talvez a mais imprevisível. Se geralmente sabemos pouco sobre a pronúncia do inglês, sabemos ainda menos sobre entonação. Leia mais sobre o assunto e preste atenção à entonação de falantes proficientes e nativos. Imite-os.

# Respostas aos exercícios (*answer keys*)

## Vocabulário

O que precisamos saber sobre uma palavra / Usando dicionários

1   b (think, verb); d (mind, noun); a (might, modal verb); f (his, determiner – possessive adjective); c (he, pronoun – subject pronoun); h (had, auxiliary verb – *might*, como *modal verb*, também é um *auxiliary verb*); j (to, preposition); e (the, definite article – *definite articles* também são *determiners*); i (never, adverb).
2   e (sway*); i (surface); c (strike*); a (seismologist); j (rib); f (remote); h (epicentre); d (injure*); g (despite); b (earthquake)

\* Estas são as formas infinitivas dos verbos.

## Word formation / types of meaning

3   a challenging (adj.); b unbelievable (adj.); c leading (adj.) / invitations (n); d inflexibility (n) / successfully (adv.); e service (n).
4   a variations (n); b redundancy (n); c strictly (adv.); d speech (n); distinguishing (adj.).
5   a highlight (v - compounding); b bittersweet (adj. - compounding); c pub (n. – clipping, from *public house*); d telethon (n. – blending, from *telephone marathon*) / legit (adj. – clipping, from *legitimate*); e asap (adv. – acronym, from *as soon as possible*); f webinar (n. – blending, from *web seminar*) / i.e. (abbreviation for *id est*); g into (prep. – compound) / flu (n. – clipping, from *influenza*); h biopic (n. – blending, from *biographical picture*) / btw

(acronym, from *by the way*); i ROFLMAO (acronym, from *rolling on the floor laughing my ass off*); j bike (n – clipping, from *bycicle*) / exam (n – clipping, from *examination*).

6   a scene; b record; c took; d save; e board.

## Phrasal verbs e idioms

7   a after (*take after*: to look or behave like an older relative); b up (*come up with*: to think of something such as an idea or a plan); c up (*work up*: to develop a particular feeling); d off (*call off*: cancel); e out (*make out*: understand).

8   a as white <u>as</u> a sheet; b ..., <u>look it up</u> in a good...; c My memory is <u>like</u> a sieve; d ...look <u>after</u> my dog...; e ...<u>safe and sound</u>; f To the <u>best</u> of my knowledge, ...; g ...write <u>it</u> down!; h ...she'd cheated <u>on</u> him; i Actions <u>speak louder</u> than words; j You're biting off more than you <u>can</u> chew.

## Collocations

9   a as; b with; c to; d any; e even; f for; g to; h of; i be; j in.
10  a 1 (adjective-noun); b 4 (adjective-noun); c 3 (noun-noun); d 3 (adjective-noun); e 4 (verb-noun)

## Gramática

### Verb tenses

1   a had been thinking or 'd been thinking / went / did / was not or wasn't; b had worked up or worked up / got; c Did you notice / did not hear or didn't hear / had been sleeping or 'd been sleeping; d became / had broken down or 'd broken down; e were cleaning / heard.

2   a are reading / have you read; b have come or 've come / am loving or 'm loving or love; c have you been teaching / have been or 've been; d leaves / Have you bought; e has been correcting or 's been correcting / is correcting or 's correcting.

3   a will you do or are you going to do / am going to see or 'm going to see; b will have finished or 'll have finished / are going to or 're going to (plan) or will start or 'll start; c will have been working or 'll have been working; d am meeting or 'm meeting or will be meeting or 'll be meeting; e will be sipping or 'll be sipping.
4   a Have you seen / Did you see; b wrote / has written or 's written; c has had or 's had / had; d did Shakespeare write / wrote; e have never visited or 've never visited / have always wanted or 've always wanted.
5   a spent / leaving / became / spent or would spend or 'd spend or used to spend / was published; b got / was going to participate or would participate or 'd participate / had just finished / was or had been / could not or couldn't / being / promised / would not or wouldn't or was not going to happen or wasn't going to happen / had or would have or were going to have; c was born / has been or 's been / has won or have won / was inducted or were inducted; d will have been doing or 'll have been doing / have been doing or 've been doing / will have read or 'll have read / will have seen or 'll have seen; e is waiting or 's waiting / does not want or doesn't want / will be / will be / will not be or won't be.

## Modality

6   a em vez de *might*: *should, ought to, must, had better* or *'d better*; b em vez de *can*: *have to*; c em vez de *may*: o contexto original traz *should*; d em vez de *must*: *should*; e em vez de *had better*: o contexto original traz *could*.
7\*  a should have done; b had better believe; c must have known; d can't hide; e can't have been.

\* Estas não são as únicas possibilidades, é claro. São apenas as usadas pelos autores dentro dos contextos originais.

## Conditionals e passive voice

8   a would you have done / had known or 'd known / Would you have called; b would stop or 'd stop / won; c agrees / will not have or won't

have; d arrives / will leave or 'll leave; e would be or 'd be / had not given up or hadn't given up; f swear / will not believe or won't believe; g would never have become or would've never become; h will help or 'll help / are or 're; i were / would not annoy or wouldn't annoy; j need / do not hesitate.

9  a you see her, could you ask her to call me or you happen to see her, could you ask her to call me; b Neymar was the captain of the national team during the World Cup, he'll probably remain as captain during the American Cup; c she studies much harder, she may pass her exams; d you use sunscreen properly, you should be OK; e George W Bush were a candidate for president again, do you think he could win.

10  a Daniel Day-Lewis was awarded his third Oscar for his sterling performance in *Lincoln*; b Homes in the neighborhood have been affected by terrible noise coming from the construction site for a year now; c A number of cars were stolen during the New Year's festivities; d It was concluded that texting did not have any lasting negative effect on language; e It is believed (by many) (that) you have to be a "poliglot" in your own language, able to use it in diverse contexts; f Airplanes are manufactured in Brazil by Embraer; g The Man Booker Prize for fiction in 2014 was won by the Tasmanian writer Richard Flanagan; h The third installment in the *Kill Bill* trilogy will be written and directed by Quentin Tarantino; i The latest version of all the software you use in your computer should always be installed; j Young children must always be supervised while they use this equipment.

## Pronúncia

### Phonemes

1  a /ə/ - famous; b /ɪ/ - teaches; c /ə/ - computer; d /ʌ/ - mother; e /uː/ - usual.

2  a ability - /əˈbɪləti/; b vegetable - /ˈvedʒtəbəl/; c wonderful - /ˈwʌndərfəl/; d these - /ðiːz/; e candy - /ˈkændi/.

3   a /ʒ/, porque é o único som *voiced* do grupo; b /ɔɪ/, porque é o único *diphthong* do grupo; c /w/, pois é o único que não envolve os dentes em sua produção (sacanagem! hahaha); d /əʊ/, pois é o único dos *diphthongs* do grupo que só ocorre em "inglês britânico"; e /ə/, pois é o único *vowel sound* do grupo que não é longo.
4   a competent; b strong; c express; d severe; e inveterate.
5*  a /bɪˈkɔz/, /bɪˈkɒz/, /bɪˈkɑːz/, /bɪˈkʌz/; b strong /ðæn/, weak /ðən/; c /ðer/, /ðeər/, /ðeə/; d /θɪŋk/; e /tʃɜrtʃ/, /tʃɜːtʃ/; f /ˈdɑŋki, /ˈdʌŋki/, /ˈdɔŋki/, /ˈdɒŋki/; g /ˈbʌtərˌflaɪ/, /ˈbʌtəflaɪ/; h /ˈkʌlər/, /ˈkʌlə/; i /sərˈtɪfɪkət/, /səˈtɪfɪkət/; j /mʌnθs/, /mʌnts/.

FONTES: Cambridge, Macmillan e Oxford online dictionaries.

## Stress

6   a <u>ve</u>getable; b <u>com</u>ment (n); c <u>com</u>fortable; d <u>ad</u>jective; e <u>black</u>board; f re<u>search</u> (v) (na verdade, também é possível termos o *stress* na primeira sílaba); g suc<u>cess</u>; h ob<u>jec</u>tive; i <u>ex</u>ercise; j <u>clothes</u> (pegadinha, pois só tem uma sílaba!).
7   a (Would)(you) like (some) <u>co</u>(ffee)?; b (She's) <u>worked</u> <u>here</u> (for) ten <u>years</u>; c <u>Open</u>(the)<u>door</u>(for)(me), <u>please</u>; d (Can)(I) <u>help</u>(you), <u>sir</u>?; e (Can)(you) <u>get</u> (the) <u>chil</u>(dren)?(I'm) <u>still</u> (at) <u>work</u>.
8
A   *asked* – pode haver a *elision* do som /k/ por se tratar de um *consonant cluster*, um "amontoado" de consoantes (/skt/). Pode ser pronunciada /æst/, em vez de /æskt/; Já em *get her*, uma das possibilidades aqui é a *elision* do som /h/ de *her*. A pronúncia pode ser /ˈgetər/
B   *eleven players* – pode haver a *assimilation* do som /n/ para /m/, por conta do som seguinte, o bilabial /p/. Desta forma podemos ter /ɪˈlev.əmˈpleɪərz/;
C   *day in* – pode haver a *intrusion* do som /j/, resultando em /deɪjɪn/. Em *last year*, podemos ter a *assimilation* entre o último som de *last*, /t/, e o primeiro de *year*, /j/. Juntos teríamos /tʃ/, resultando em /læstʃɪr/;

D   *this year* – **assimilation** dos sons /s/ e /j/, respectivamente o último som de *this* e o primeiro de *year*. Os dois juntos formam /ʃ/, resultando em /ðɪʃɪr/;

E   *must try* – **elision** do /t/ de *must*, restando apenas o de *try*. O resultado seria /mʌstraɪ/. No caso da palavra *and*, por ser uma *function word* seria reduzida de /ænd/ para /ən/. Por fim, em *next time* novamente temos a *elision* do som /t/, resultando em /nekstaɪm/.

9* a /kəzbeɪbənaʊwəgɑːbæ(d)blʌd/; b /wenjəlegzdoʊnwɜːklaɪkðeɪjuːstəbəfɔː/; c /ætfɜːrstɑːwəzəfreɪdaɪwəspetrəfaɪd/; d /duːjuːhɪrmitɔkɪŋnəjuː/; e /soʊleɪdlibɪnwɑndrəŋhuːwɪlbiːðertəteɪkmɑːpleɪs/.

*Transcrevi estes versos da maneira como os ouvi nas versões para as quais disponibilizei links no exercício. Não estão, evidentemente, obrigatoriamente perfeitas. Talvez você não concorde, por exemplo, com o /'leɪdli/ em minha transcrição da palavra *lately*, na música da banda americana *The Calling*; tenho, no entanto, a distinta impressão de que o cantor realmente pronuncia o "t" como /d/. O que importa aqui, de verdade, é que você tente reproduzir exatamente o que ouve, e que perceba as diferenças (ou semelhanças) entre sua pronúncia e as dos cantores dessas canções. Esteja sempre atento à pronúncia das palavras em inglês em frases quando as ouvir em contextos reais.

## Intonation

10   a F; b R; c R, R, R, F; d F; e R.

# Bibliografia comentada (Sugestões de leitura)

Agora que você chegou ao final do livro, começarei a bibliografia com algumas sugestões importantes sobre o que ler agora, com comentários. Faremos isso na ordem dos capítulos do livro.

## Vocabulary

Antes de mais nada, sugeriria que você lesse *How to Teach Vocabulary*, de Scott Thornbury. Embora o objetivo do livro não seja ensinar vocabulário – e sim ensinar você a ensiná-lo –, ele começa com um resumo muito interessante do que é vocabulário, mais ou menos como fizemos em nosso capítulo sobre o tema, e o ajudará a fixar conceitos importantes.

Após *How to Teach Vocabulary*, recomendo a série *English Vocabulary in Use*, de Felicity O'Dell e Michael McCarthy. Ela está disponível em diferentes níveis, mas me parece que, para professores, o nível avançado seja o mais útil. Como acontece com toda a série *In Use*, os livros têm unidades bem curtas de apenas duas páginas, a primeira sendo dedicada à explanação dos conceitos e a segunda a exercícios. Explore seções de seu interesse, ou tente trabalhar todas as unidades do livro, talvez a um passo de uma ou duas unidades por semana. Revisite as unidades mais interessantes ou difíceis para você sempre que possível.

## Grammar

É muito difícil, talvez impossível, falar sobre a *melhor* gramática disponível no mercado, de modo que minhas sugestões aqui têm muito de preferência pessoal.

Meu livro favorito de gramática é *Grammar for English Language Teachers*, do autor inglês Martin Parrott. O livro é dividido em quatro seções muito completas e importantes: *words, verbs, sentences and word order, complex sentences*. Cada um de seus 30 capítulos traz, além de todas as explicações necessárias e exemplos (estes sempre baseados no *Cambridge international corpus*), dificuldades comuns que alunos têm com os assuntos em questão, além de exercícios de consolidação. É um livro absolutamente fantástico.

Outras gramáticas incríveis e extremamente úteis para professores de inglês são *Language Practice for Advanced*, de Michael Vince (ideal para professores interessados nos exames CAE e CPE); *Advanced Grammar in Use*, de Martin Hewings; e *Practical English Usage*, de Michael Swan.

## Pronunciation

Minha formação na área de pronúncia do inglês é muito baseada em fontes britânicas, embora, curiosamente, meu inglês seja mais "americano". (Sou, na verdade, um falante muito orgulhoso de inglês brasileiro, e não tenho absolutamente nenhuma intenção de soar como "nativo" de qualquer lugar que não o Brasil). Ainda assim, vou sugerir um livro de um autor britânico e um de autores brasileiros, mas que é dedicado a descrever aspectos de uma pronúncia mais "americana".

O seminal *Sound Foundations*, do professor inglês Adrian Underhill, é, em minha opinião, a leitura mais fundamental para professores de inglês com relação à pronúncia da língua. Ele tem duas divisões importantes.

Primeiro, ele está dividido em duas partes: *Discovery toolkit*, onde você aprende *sobre* a pronúncia do inglês; e *Classroom toolkit*, onde você aprende a *ensinar* a pronúncia do inglês. Além disso, cada uma das partes é subdivida em três seções: *sounds in isolation*, *words in isolation* e, finalmente, *connected speech*. Sugiro veementemente que você comece seus estudos por ele.

Além disso, há um incrível trabalho de três professores brasileiros de inglês – Marcello Marcelino, Sonia Godoy e Cris Gontow – que é indispensável para professores de inglês brasileiros (bem como para seus alunos!). Ele se chama *English Pronunciation for Brazilians – The Sounds of American English*, e é dividido em três partes: *pronouncing a foreign language, consonants* e *vowels*. Ele traz, ainda, em todos os seus capítulos, uma vasta quantidade de exercícios para a consolidação dos assuntos trabalhados, além de três CDs de áudio para você praticar o que estudou. Finalmente, o livro termina com um glossário de termos técnicos. Imperdível.

# Bibliografia

Estas são algumas das obras mais importantes utilizadas durante as pesquisas para este livro. Sou imensamente grato a cada um dos autores abaixo.

ALBERY, David. *The TKT Course: KAL Module*. Cambridge: Cambridge University Press, 2012.

BECHARA, Evanildo. *Moderna gramática portuguesa*. Rio de Janeiro: Nova Fronteira, 2006.

CARTER, Ronald; McCARTHY, Michael. *Cambridge Grammar of English*. Cambridge: Cambridge University Press, 2006.

GODOY, Sonia; GONTOW, Cris; MARCELINO, Marcello. *English Pronunciation for Brazilians*: The Sounds of American English. Barueri: Disal, 2006.

HARRISON, Mike. *FCE Practice Tests*. Oxford: Oxford University Press, 2008.

HARMER, Jeremy. *How to Teach Writing*. Harlow: Pearson, 2004.

HEWINGS, Martins. *Advanced Grammar in Use*. Cambridge: Cambridge University Press, 2013.

KELLY, Gerald. *How to Teach Pronunciation*. Harlow: Pearson, 2000.

LEWIS, Michael. *The English Verb*. Boston: Thomson Heinle, 2002.

McCARTHY, Michael; O'DELL, Felicity. *English Vocabulary in Use: Advanced*. Cambridge: Cambridge University Press, 2002.

PARROTT, Martin. *Grammar for English Language Teachers*. Cambridge: Cambridge University Press, 2010.

ROACH, Peter. *English Phonetics and Phonology*. Cambridge: Cambridge University Press, 2009.

SCRIVENER, Jim. *Learning Teaching*. Oxford: Macmillan, 2011.

SPRATT, Mary; PULVERNESS, Alan; WILLIAMS, Melanie. *The TKT Course: Modules 1, 2 and 3*. Cambridge: Cambridge University Press, 2011.

SWAN, Michael. *Practical English Usage*. Oxford: Oxford University Press, 2005.

_____. "Seven Bad Reasons for Teaching Grammar – and Two Good Ones". In: RICHARDS, Jack C.; RENANDYA, Willy A. (comp.) *Methodology in Language Teaching: An Anthology of Current Practice*. Cambridge: Cambridge University Press, 2002.

THORNBURY, Scott. *About Language*. Cambridge: Cambridge University Press, 1997.

_____. *An A-Z of ELT*. Oxford: Macmillan, 2006.

_____. *How to Teach Grammar*. Harlow: Pearson, 2000.

_____. *How to Teach Vocabulary*. Harlow: Pearson, 2002.

UR, Penny. *Vocabulary Activities*. Cambridge: Cambridge University Press, 2012.

VINCE, Michael. *First Certificate Language Practice*. Oxford: Macmillan, 2009.

_____. *Language Practice for Advanced*. London: Macmillan, 2014.

# O autor

Sou Higor Cavalcante, professor de inglês desde 1998. Trabalhei em muitas das maiores redes de ensino de idiomas do Brasil como professor, coordenador pedagógico, capacitador de professores e consultor de ensino, e hoje sou professor e capacitador de professores *freelancer*. Embora trabalhe com ensino regular de inglês (principalmente com alunos particulares), a maior parte do meu trabalho hoje envolve o ensino de inglês para professores do idioma, principalmente para aqueles que estão se preparando para exames internacionais como CAE e CPE. Trabalho também com treinamento de professores, e tive e tenho o privilégio de já ter trabalhado com milhares de professores de inglês, em diversos contextos e por todo o Brasil, além de ter participado como palestrante de diversos congressos pelo Brasil e pelo mundo.

Meus principais interesses na área de ensino hoje são desenvolvimento linguístico de professores de inglês (o meu inclusive), *extensive reading* e fonologia. Além disso, sou atualmente (2015/2016) o segundo vice-presidente do BRAZ-TESOL (Brazilian Association of Teachers of English as a Foreign Language), sendo o editor responsável da revista trimestral da associação, uma das mais importantes publicações em ELT no mundo. Aliás, se você não for membro do BRAZ-TESOL, este é o momento de corrigir esse erro! (www.braztesol.org.br).

Estudei Letras na Universidade de São Paulo (USP), e possuo, entre outros, os certificados CPE, CELTA, e estou trabalhando no momento no DELTA. Tenho meu próprio blog (www.higorcavalcante.com.br) e contribuo regularmente com blogs especializados da área, como o Richmond Share (www.richmondshare.com.br).

Finalmente, sou apaixonado por leitura e cinema, adoro viajar (especialmente para congressos e eventos ELT) e passar o máximo de tempo possível com amigos, além de estar tentando arduamente desenvolver um interesse por exercícios físicos e corrida. Moro em São Paulo com minha esposa Cintya e nossa cachorrinha Maggie, e aguardamos ansiosamente o nascimento de nossa primeira filha, Nicole, para o início de 2016.

Para informações sobre cursos e palestras em sua cidade, ou apenas para bater um papo ou tirar dúvidas, escreva para mim: higor@inglesparaprofessor.com.br. Além disso, faça parte do grupo *Inglês para Professor* no Facebook: www.facebook.com/inglesparaprofessor, e convide seus amigos!